AF452536

RESOLUTION

DES
QUATRE PRINCIPAUX·
PROBLEMES
D'ARCHITECTURE.

DEDIÉE

A MONSEIGNEUR COLBERT,
MINISTRE·ET SECRETAIRE D'ESTAT,
SURINTENDANT DES BASTIMENS,
ARTS, ET MANUFACTURES DE FRANCE.

Par M. FRANÇOIS BLONDEL, *de l'Academie Royale des Sciences, Directeur & Professeur en l'Academie Royale d'Architecture, & des Mathematiques au College Royal, Maréchal de Camp és Armées du Roy, & Maistre des Mathematiques de Monseigneur le Dauphin.*

A PARIS,
DE L'IMPRIMERIE ROYALE.

M. DC. LXXIII.

A

MONSEIGNEUR COLBERT,

MINISTRE ET SECRETAIRE D'ESTAT,

SURINTENDANT DES BASTIMENS,

ARTS, ET MANUFACTURES DE FRANCE.

ONSEIGNEVR,

L'eſtime que vous avez pour les beaux Arts, oblige tous ceux qui en font profeſſion, de vous regarder comme leur Protecteur. Chacun vous offre les fruits de ſon travail comme des biens qui vous appartiennent; & je vous preſente celuy-cy dans le meſme ſentiment, & avec vne parfaite reconnoiſſance de la bonté que vous avez eûë de m'aſſeûrer qu'il ne vous ſeroit pas deſagréable.

Vous ſçavez, MONSEIGNEUR, *que toutes les parties des Mathematiques ſont recommandables par les avan-*

ē

tages qu'elles apportent dans les affaires du monde ; qu'elles font vtiles dans la Guerre & dans la Paix ; & que les grands Hommes s'en servent en tout temps, ou pour exercer leur valeur, ou pour montrer leur magnificence.

Néanmoins l'Architecture est celle qu'ils considerent le plus, parce qu'elle acheve, pour ainsi dire, leur réputation ; & qu'elle conserve le souvenir de leurs victoires, en leur élevant de superbes Trophées.

Vn grand Roy comme le nostre, dont la vie est pleine de merveilles, & qui a fait tant de choses qui paroistront incroyables à la posterité, doit en laisser des témoignages immortels, qui confirment ceux de l'Histoire, & qui empeschent que les siécles suivans ne la traittent de fabuleuse. Et rien ne le peut mieux faire que l'Architecture. Certainement, MONSEIGNEUR, j'ose dire que cét Art admirable servira plus à éterniser la memoire de LOUIS LE GRAND, que tous les autres Arts qui se vantent de donner l'immortalité.

Mais, MONSEIGNEUR, c'est vn bonheur bien particulier pour nous, qui en faisons nostre principale estude, que Sa Majesté se soit reposée sur vos soins, pour remettre l'Architecture dans son premier lustre. Ce bel Art avoit besoin que vous luy donnassiez vn peu de ce temps précieux que vous employez si vtilement au service du Roy & de l'Estat, afin qu'il puisse non seulement égaler aujourd'huy ses ouvrages à la beauté de l'Antique, mais mesme les porter à vn degré de perfection, où les anciens Edifices n'ont jamais esté, ny dans la Grece, ny dans l'Empire Romain.

Et

Et comme le nom du Roy surpasse maintenant celuy de tous les Heros de l'antiquité, il falloit un Ministre, aussi habile & aussi zelé pour sa gloire que vous l'estes, pour laisser dans la France des Monumens si magnifiques & si durables de la prosperité de son regne, qu'ils puissent effacer un jour la grandeur de ces anciens Edifices, dont le temps semble respecter les ruines.

Pendant que la renommée va répandre par toute la terre le bruit de ses Exploits & celebrer ses Conquestes & les prodiges inouïs de son courage, il est bien juste que l'Architecture & tous les beaux Arts travaillent à l'envy pour rehausser l'éclat de ses Triomphes, & consacrer la memoire de ses grandes actions. Je voudrois bien, MONSEIGNEUR, que ce Traité y pût contribuer quelque chose : Du moins vous puis-je asseûrer que je ne l'ay composé que dans cette veûë, & pour communiquer au public ce que je puis avoir acquis de nouvelles connoissances touchant les pratiques les plus difficiles qui se rencontrent dans les Bastimens. Je m'estimeray trop récompensé de mon travail, si vous me faites la grace de l'approuver, & d'estre persuadé que je suis avec beaucoup de respect,

MONSEIGNEVR,

Voftre tres-humble & tres-obéïffant ferviteur,
BLONDEL.

RESOLUTION

DES
QUATRE PRINCIPAUX
PROBLEMES
D'ARCHITECTURE.

PREMIER PROBLEME RESOLU.

DEcrire *Géometriquement en plusieurs maniéres, & tout d'vn trait, le Contour de l'enflûre & diminution des Colonnes.*

SECOND PROBLEME RESOLU.

L'APOLLONIUS *François des Tactions; ou trouver vne Section Conique qui touche trois lignes droites données en vn mesme plan, & deux de ces lignes en vn point donné de chacune: ou bien, décrire Géometriquement les Arcs rampans sur toutes sortes de pieds droits & de hauteur.*

TROISIEME PROBLEME RESOLU.

TRouver *Géometriquement les joints de teste de toutes sortes d'Arcs rampans.*

QUATRIEME PROBLEME RESOLU.

TRouver *la ligne sur laquelle les Poutres doivent estre coupées en leur hauteur & largeur, pour les rendre par tout également fortes & résistantes.*

Avec la démonstration des Pratiques, accompagnées de diverses réflexions sur le mouvement, sur la proportion Harmonique, & sur les erreurs de Pappus au sujet de l'inscription des trois mediétez au demicercle, & de Galilée au sujet du dernier Probleme.

RESOLUTION
DES
QUATRE PRINCIPAUX
PROBLEMES
D'ARCHITECTURE.

PREMIER PROBLEME RESOLU.

Décrire Géometriquement en plusieurs maniéres & tout d'un trait, le Contour de l'enflûre & diminution des Colonnes.

PREMIER DISCOURS.

S I les divers emplois que j'ay eûs pour le service du Roy chez les Etrangers & dans les principales Provinces de ce Royaume, m'ont donné l'avantage de pouvoir considérer à loisir la plus grande partie des Bastimens anciens & modernes qui sont dans le monde ; & si cette facilité jointe à une inclination particuliére que j'ay toûjours eûe pour l'Architecture & qui m'a fait soigneusement rechercher ce qui pouvoit estre de plus remarquable en chacun d'eux, peut m'avoir acoustumé les yeux à quelque discernement de ce qu'on appelle *Grand* & *Beau* dans cét Art : Il me semble que j'ay quelque droit de dire mes sentimens sur son sujet & d'assûrer que l'Architecture a besoin d'étude, pour arriver à sa perfection. Et quoy que je ne sois pas assez sçavant pour me vanter de connoistre ce qui luy manque, (cét Art supposant un trop grand amas de connoissances profondes & une experience consommée ;) je ressens au moins une joye extraordinaire, lors que je voy qu'il s'y fait quelque progrés.

A

C'eſt ce qui fait que j'ay beaucoup eſtimé la penſée de celuy qui propoſa pour *Eſtrenes à tous les Architeſtes*, au commencement de l'année 1664. un *Paradoxe*, comme il dit, c'eſt à dire, un Probleme *à reſoudre touchant la perfeſtion de l'enflûre ou ἔντασις des Colonnes, touchée imparfaitement par Vitruve & non encore reſoluë ny reglée qu'imparfaitement, quoy qu'Architeſtoniquement elle le puiſſe eſtre parfaitement*, qui ſont les termes dont il s'eſt ſervi.

Et j'ay crû, dis-je, qu'un homme eſtoit doublement loüable, qui ne ſe contentant pas de rechercher ce qui n'eſt pas encore connu dans les Sciences, & de conſacrer au Public le fruit de ſon travail & de ſes veilles, vouloit encore exciter les autres à ſon exemple, & réveilloit leur vertu endormie, en leur propoſant à reſoudre ce qu'il auroit déja pû reconnoiſtre par ſon étude. D'autant plus que c'eſt à un ſentiment tout ſemblable que nous devons ce que nous avons de plus beau dans les Mathematiques, & qu'il paroiſt qu'il ne s'eſt jamais fait de plus notable progrés dans ces ſciences, que lors que les grands Genies ſe ſont, dans divers ſiécles, propoſez l'un à l'autre des queſtions, & que par une eſpece d'émulation honneſte leur ame s'eſt enflammée de cette genereuſe ambition, qui nous a produit des Ouvrages ſi excellens, qu'ils ſemblent eſtre plûtoſt partis de l'intelligence des Anges, que de la meditation laborieuſe de l'eſprit humain.

Et comme l'Architeſture n'a receû ce qu'elle a de bon & de magnifique que des ſciences Mathematiques, qui par l'indubitable verité de leurs démonſtrations rempliſſent entiérement la capacité de noſtre eſprit, & ne luy laiſſent rien à deſirer ſur le ſujet qu'elles luy ont expliqué : Il eſt aiſé de comprendre que c'eſt d'elles qu'elle doit encore attendre ce qui manque à ſa perfeſtion ; & que cette lumiére, par qui l'on connoiſt la difference qu'il y a de pouvoir rendre raiſon de ſon Ouvrage, ou de travailler en taſtonant, & à l'aveugle, ne luy peut venir que des mains liberales de la Géometrie.

Combien donc ſeroit-il à ſouhaitter, que ceux qui travaillent en Architeſture vouluſſent auſſi s'appliquer aux Mathematiques, ou que ceux qui ſe ſont avancez dans ces ſciences donnaſſent auſſi quelque partie de leur temps à l'Architeſture ? Et l'on doit pour ce ſujet eſtimer & recevoir agréablement toutes les choſes qui peuvent contribuër à porter les hommes à cette étude, au nombre deſquelles je mettrois ce *Paradoxe*, ſi l'Auteur s'y eſtoit un peu plus clairement expliqué qu'il n'a fait, & s'il avoit donné à entendre quelle eſt cette maniére de diminuer les Colonnes, qu'il appelle *Parfaite* : parce que ces ſortes de diſpoſitions, qui ne ſont que pour la ſatisfaſtion de l'œil, & qui n'ont point de fondement certain ny arreſté dans la nature, dépendent tellement du gouſt, & de la diverſité des opinions, qu'une Colonne peut paroiſtre aux uns trop *Suelte*, ainſi que les Italiens les appellent, ou déliée, que d'autres la trouveront trop écraſée.

De ſorte, qu'il ſemble que pour travailler avec quelque fruit à la ſolution de ſon *Paradoxe*, il auroit eſté juſte qu'il euſt déterminé ce qu'il entend par ce mot de *Parfaitement*, & qu'on pût comprendre, ſi cette façon de deſcription qu'il propoſe *à reſoudre Architeſtoniquement*, eſt déja en quelque uſage, au moins méchanique, parmi les Ouvriers ; ou ſi c'eſt une maniére toute nouvelle, & d'une forme differente de toutes celles dont on a juſqu'icy diminué les Colonnes : eſtant vray que ces Propoſitions vagues & indéterminées, & en l'explication deſquelles le ſort a plus de part que le raiſonnement ou la vivacité de l'imagination, ſont d'autant plus defeſtueuſes, que l'honneur meſme qui ſeroit dû à celuy qui auroit expliqué l'énigme, ne dépend que du caprice de celuy qui propoſe, lequel peut diſſimuler tant qu'il luy plaiſt, & toûjours dire que l'on n'a pas encore trouvé ce qu'il demande.

Tant y a, que m'eſtant ſouvenu d'avoir autrefois remarqué, en traçant des Colonnes à la maniére que Vignole enſeigne pour les Ioniques & Corinthiennes, que la ligne de leur Contour eſtoit celle de Nicomedes : je dis à M. Boſſe, qui me fit voir au mois de Janvier de la meſme année 1664. ces *Eſtrenes à tous les Architeſtes*, que bien

que

que je n'euſſe point l'art de deviner, & que je confeſſaſſe ingenuëment mon ignoran-
ce ſur le ſujet de ce *Paradoxe*, je voulois néanmoins propoſer plus nettement un Probleme de la meſme nature à ſon Auteur, que je mis par maniére de jeu ſur le dos de
ſon écrit, en ces termes. *Autre Probleme. Le moien de décrire tout d'un trait, & ſans s'em-*
baraſſer de pluſieurs points trouvez dont on ſe ſert pour les Cherches, la maniére la plus élegante
qui ſoit en uſage parmy les Architectes modernes pour l'enflûre & diminution des Colonnes? Et
quelle en eſt la figure?

Quelques jours aprés le ſieur Boſſe m'ayant prié de luy vouloir expliquer ma
penſée, je luy fis ſur ce ſujet la Lettre qui fait le diſcours ſuivant.

SECOND DISCOURS,

OU

LETTRE A M. BOSSE SVR LE MESME
ſujet de l'enflûre & diminution des Colonnes, & de la
deſcription de la ligne qui fait le Contour des Ioniques,
Corinthiennes, & Compoſées.

MONSIEUR, Je n'ay pas la ſcience de deviner pour vous dire quels
ſont les ſentimens de celuy dont vous me parlez ſur le Probleme ou *Paradoxe*,
comme il dit, qu'il a propoſé pour *Eſtrenes à tous les Architectes :* Mais je puis bien
vous entretenir de la ſolution de celuy que j'écrivis derniérement au dos de ſon imprimé, dans laquelle je vous aſſureray premiérement avec franchiſe que je n'ay aucune part, puis qu'il y a plus de deux mille ans qu'elle eſt trouvée, & que je ne puis
tout au plus me glorifier d'autre choſe, que de m'eſtre autrefois apperceû, en deſſci-
gnant des Colonnes diminuées à la maniére élegante que Vignole dit avoir inventée
pour les Ioniques & Corinthiennes, que *la Cherche courbe qui la décrit, eſt la ligne de Ni-*
comedes, que l'on appelle la premiére Conchoide des Anciens ; & par le moyen de laquelle, au
rapport d'Eutocius, ce Geometre prétendit avoir reſolu ce fameux Probleme *de la Du-*
plication du Cube commandée par l'Oracle, & qui a tant exercé les eſprits du ſiécle de Platon
dans la recherche *de deux moyennes proportionnelles entre deux droites données.* C'eſt celle-la
meſme que M. Viette a de noſtre temps ſuppoſée comme une petition ou demande au
ſupplement de Geometrie pour reſoudre tous les Problemes ſolides, & dont les
Equations vont au Cube ou au quarré quarré ; ne jugeant pas que ſa deſcription, par
le moyen de l'inſtrument de Nicomedes, fuſt plus mechanique, ou pour mieux dire,
moins Geometrique, que celle du Cercle par le moien du Compas, dont l'uſage eſt
néanmoins receû par ce principe de petition ou demande dans le premier des Ele-
mens d'Euclide. Et quoy que ces meſmes Equations ſe reſolvent plus noblement dans
les livres de M. Deſcartes, par la ſeule interſection du Cercle & de la Parabole, qui
ſont lignes d'un genre plus ſimple & moins compoſé que la Conchoide ; celle-cy ne
laiſſe pas d'avoir ſes uſages pour les ſolutions des Equations plus élevées; & les ſup-
poſitions de M. Viette ſont tres-ſçavantes & tres-veritables.

Mais pour retourner à noſtre propos: Quoy que vous ſçachiez parfaitement cette
invention élegante de Vignole, & que vous la puiſſiez voir dans ſon Livre, je ne laiſ-
ſeray pas de vous en tracer icy la figure avec ſon diſcours, ſelon la traduction de l'il-
luſtre M. le Muet, afin que vous puiſſiez mieux juger du raiſonnement que je feray
enſuite.

Quant à cette autre façon, dit-il, je l'ay trouvée de moy-mesme; & quoy qu'elle soit moins connuë, elle est néanmoins facile à concevoir par les lignes. Ie diray donc qu'ayant resolu les mesures de la Colonne, c'est à dire, sa hauteur & grosseur, & la diminution qu'elle doit avoir au bout d'enhaut, on doit tirer une ligne à l'infini en commençant par C, qui est au tiers du fust de la Colonne, & continuant par D; puis rapportant la mesure C D au point A, où finit la diminition du haut, jusqu'à ce qu'elle coupe la perpendiculaire au point B, & que A B soit continuée jusqu'en E. De là on pourra tirer tant de lignes qu'on voudra qui partiront de la perpendiculaire, & iront à la circonference de la Colonne, sur lesquelles appliquant la mesure C D, on trouvera tant en haut qu'en bas l'enflûre de la Colonne ; & cette maniére peut estre appliquée à l'Ionique, Corinthien & Composé.

Où vous voyez, Monsieur, que toutes ces lignes qui, partant du point E, sont comprises entre la Perpendiculaire ou Axe de la Colonne & sa Circonference, sont toutes égales entre elles, & à la droite C D. De sorte que si nous appellons le point E, le *Pole*; l'Axe de la Colonne, *la Regle* ou *Canon*; & la ligne C D, *l'Intervalle :* je ne voy plus rien qui m'empesche d'appeller la ligne courbe qui passe depuis A par toutes les extrémitez recherchées, *la premiére Conchoïde des Anciens*, puis que c'est toute la mesme ; & que vous connoistrez encore mieux par l'instrument que Nicomedes a inventé pour

la décrire, dont la figure est la seconde de la premiére Planche ; en laquelle, après avoir déterminé comme dessus la largeur de la Colonne, dont la moitié est C D, & trouvé la longueur de la ligne C E, il faut prendre trois regles de bois ou de métail G F, I D, H A, dont les deux G F, & I D, sont attachées ensemble à l'équerre ou à angles droits comme en D; & par le milieu de la regle G F il faut entailler un petit canal à queuë d'aronde qui s'étende en toute la longueur de la regle. Il s'en fait une autre de mesme dans le milieu de la regle H A, qui s'étende indéfiniment vers le bout H, mais qui vers l'autre bout se termine en K, en sorte néanmoins que la distance A K, ne soit pas plus grande que la distance C E. Ensuite il faut faire au bout de la regle H A vers le point A, la ligne A B égale à la ligne C D, & attacher par dessous la regle au point B vn bouton de bois ou de métail qui puisse couler juste dans le canal de la regle G F. Il en faut attacher vn autre semblable au point E, dans le milieu de la regle I D, qui coule juste dans le canal de la regle A H, afin que la regle G F estant appliquée à l'axe de la Colonne, en sorte que le point D réponde au renflement, & la regle A H se mouvant en avançant ou reculant sur le bouton E, comme sur vn pivot ou Pole, tandis que le bouton B se meut au long dudit axe, c'est à dire, au long du Canal de la regle G F; le point A décrive par ces deux mouvemens la ligne courbe A a, C a, pour le contour de la diminution & renflement de la Colonne qui est appellée ἔντασις par Vitruve, & dans laquelle ligne toutes les droites, comme *b a*, tirées du Pole, & comprises entre le Canal de la regle G F, c'est à dire, entre l'axe de la Colonne & sa Circonference, sont toutes égales entr'elles, & à l'intervalle A B, ou C D. En quoy il paroist que la ligne courbe que cét instrument a décrite, est la mesme que celle que Vignole a prétendu décrire. Et si vos regles estant d'une grandeur indéfinie, vous faites en sorte que les boutons B & E puissent tellement s'avancer ou reculer au long des regles A H & D I, que les intervalles, comme A B & C E, puissent aussi estre pris sur lesdites regles de telle grandeur que l'on voudra; il est évident que cét instrument pourra servir à décrire les Courbes des Colonnes, de quelque hauteur ou grosseur qu'elles puissent estre, puisque toute leur difference ne consiste qu'en celle desdits intervalles. L'autre costé de la Colonne sera décrit en la mesme maniére en changeant l'instrument de place, & le rapportant de l'autre part.

Ainsi, Monsieur, il me semble que mon Probleme est assez bien résolu par cét instrument; & que sans s'embarasser à rechercher ces points infinis, comme veut Vignole, par lesquels on puisse mener doucement cette cherche, qui de soy dans la rigueur est toûjours imparfaite, on peut doresnavant tirer cette ligne tout d'un trait, uniformement & en sa perfection.

C'est

C'eſt de quoy j'ay voulu vous faire part, en attendant que nous ayons de l'Auteur du *Paradoxe* quelque choſe de conſidérable ſur cette matiére, ainſi qu'il y a lieu de l'eſperer par ſes *Eſtrenes*. Vous aſſeurant au reſte que bien qu'il y ait raiſon d'eſtre ſurpris, que depuis tant de ſiécles qui ont produit de ſi grands Hommes pour l'Architecture, leſquels ont ſi bien tracé les diminutions & l'enflûre des Colonnes, perſonne, au moins que je ſçache, n'ait fait réflexion à cette maniére de deſcription que le ſeul Vignole, & que depuis luy tant de braves Architectes ſe ſoient heureuſement ſervis de ſon invention, ſans avoir rien dit de la nature de la Courbe qu'elle produit, ny du moyen de la deſſeigner tout d'un trait : Quoy qu'il y ait, dis-je, beaucoup de ſujet de s'en étonner, je vous proteſte néanmoins que je n'ai aucune vanité que cette penſée me ſoit venuë, de laquelle je me glorifie moins que de l'honneur que vous me faites de m'aimer. Je ſuis, *&c.*

Ce 24. Janvier 1664.

TROISIEME DISCOURS

SVR LA NATVRE ET DESCRIPTION
de la Ligne qui fait le Contour des Colonnes
Doriques & Toſcanes.

AYANT ainſi diſcouru ſur les propriétez de la Ligne Courbe qui fait le Contour des Colonnes Ioniques, Corinthiennes & Compoſées, j'ay voulu conſiderer l'autre maniére que Vignole décrit, & dont il ſe ſert pour la diminution des Colonnes Toſcanes & Doriques. Et aprés avoir ſoigneuſement medité ſur la nature de la Ligne qu'elle produit ; j'ay reconnu que c'eſtoit une Ligne de la meſme nature que celle que décriroit une fleche, ou toute autre choſe tirée & jettée horizontalement, dans l'opinion de ceux qui croient qu'un poids tombant de la ſurface de la terre ſe trouveroit juſtement au bout de ſix heures au Centre (ſi la terre ſe mouvoit du mouvement journalier,) & paſſant outre par la force qu'il auroit aquiſe en ſa cheûte, il arriveroit au bout d'autres ſix heures à la ſurface des Antipodes, ſi le chemin luy eſtoit ouvert : D'où deſcendant & repaſſant en ſix heures une autre fois par le Centre, il ſe trouveroit au bout d'un jour préfix au meſme lieu d'où il eſtoit premiérement parti, ſi l'air, ou les autres empeſchemens du dehors ne l'arreſtoient.

Je dis donc qu'un trait pouſſé vigoureuſement, & parallele à l'horizon décriroit en ſon paſſage une Ligne de la meſme nature de celle dont on ſe ſert pour la diminution des Colonnes Toſcanes & Doriques, ſi cette opinion eſtoit veritable : parce qu'eſtant porté d'un mouvement de Lation égale & uniforme, qui luy eſt imprimé par l'impulſion, & qui fait que les diſtances qu'il parcourt ſont entre elles en meſme proportion que les temps qu'il emploie à les parcourir, (c'eſt à dire, comme les Arcs de l'Equateur qui paſſent cependant ſous le Meridien,) & d'un autre mouvement inégal, & qui s'augmente continüellement, que ſon propre poids luy inſpire, & qui dans l'opinion ſuſdite ſe fait ſur la proportion des Sinus verſes des meſmes Arcs de l'Equateur ; il paroiſt que la Ligne, que ce trait décriroit en ſon paſſage, ſeroit compoſée de ces deux mouvemens, dont l'un eſt égal, uniforme, & répondant aux Arcs de l'Equateur ; l'autre inégal, continüellement précipité, & répondant aux Sinus verſes des meſmes Arcs.

Mais la Ligne du Contour des Colonnes Toſcanes & Doriques ſe fait par la compoſition de deux mouvemens pareils, ainſi que je le démontrerai cy-deſſous ; & partant la Ligne que décrivent les corps jettez horizontalement, comme un trait

C

ou une fléche dans l'opinion fufdite, eft à peu prés la mefme que celle dont on fe fert pour la diminution des Colonnes Tofcanes & Doriques.

Fig. III. de la I. Planche. Pour la démonftration de ce que je viens de dire, il ne faut que fe fouvenir de la pratique ordinaire des Ouvriers pour la defcription de cette Ligne, qui fe fait en cette maniére. La Ligne A C, foit l'Axe d'une Colonne à diminuer, & les deux tiers de fa longueur, fi on veut que la diminution commence au tiers; ou la moitié, fi on defire qu'elle commence dans le milieu de la Colonne : La Ligne A B, foit le module ou la moitié de fa groffeur, fur laquelle comme rayon foit fait le Cercle B S T V Z. Enfuite il faut prendre la partie A G, pour le demidiametre de la Colonne par le haut, en forte que B G foit fa plus grande diminution, & tirer la Ligne G E parallele à A C, qui coupera le Cercle en F, la portion duquel B F, doit eftre partagée en autant de parties égales qu'on voudra, comme aux points S T V, auffi bien que l'Axe A C, aux points H K M, en forte que la ligne A C contienne autant de parties égales que l'Arc B F. Enfin des points des divifions de l'Axe il faut élever des Perpendiculaires, comme H I, K L, M N, qui foient rencontrées aux points O, X & Y, par d'autres lignes paralleles à l'Axe, & tirées des points de l'Arc B F, de telle maniére qu'elles fe répondent reciproquement l'une à l'autre, c'eft à dire, que celle qui part du premier point de l'Axe H, comme H O I, foit rencontrée en O, par celle qui vient du premier point de l'Arc S, comme P S O, & celle qui part du fecond point de l'Arc T, comme Q T X, fe termine en X, fur celle qui vient du fecond point de l'Axe K, comme K X L, & ainfi des autres. Et paffant par tous les points B O X Y E une ligne adoucie, elle fera celle que l'on cherche pour la diminution des Colonnes Tofcanes & Doriques.

Et fi nous appellons le point B, *le fommet* de cette ligne Courbe, la ligne A B, *l'Axe* ou *le Diametre*, les lignes P O, Q X, R Y, G E, &c. *les ordonnées* ; on verra que l'ordonnée Q X, contenant autant de parties de la ligne A C, ou de fon égale G E, que l'arc B T en contient de celles de l'arc B F, l'ordonnée Q X, eft à l'ordonnée G E, comme l'Arc B T, eft à l'Arc B F ; & la mefme chofe fe pouvant dire de toutes les autres, il paroiftra que les ordonnées feront entre elles comme les Arcs qui font compris entre le fommet & lefdites ordonnées : & partant que cette ligne Courbe eft une efpece de *Spirale ou Ovale.*

De plus, fi nous prenons le rayon A B, pour Sinus total, les portions de l'Axe B P, B Q, B R, B G, &c. feront les Sinus verfes des Arcs, B S, B T, B V, B F, &c. & par confequent nous pourrons appeller cette Courbe *une ligne Spirale ou Eliptique, dans laquelle les portions de l'Axe font les Sinus verfes des Arcs, qui font entre eux comme les ordonnées.*

Maintenant fi nous faifons une autre hypothefe, & fi nous prenons le point A, pour le centre de la terre, la ligne B A, pour le demidiametre, & l'arc B V F, pour une portion de l'Equateur : Il eft conftant que dans la penfée de ceux, qui, ainfi que nous avons dit cy-deffus, croient qu'un poids tombant librement de la furface de la terre parcouroit les efpaces de fon Diametre, en la mefme raifon que font les Sinus verfes des Arcs de l'Equateur, qui pafferoient cependant fous le Meridien ; ce mefme poids (fuppofé que la terre fe meut du mouvement journalier) arriveroit neceffairement au centre, quand le quart de l'Equateur auroit paffé depuis le moment de fa cheûte, je veux dire, au bout de fix heures. C'eft à dire, que le poids tombant du point B, arriveroit au point P, lors que le premier Arc de l'Equateur B S, auroit coulé, & qu'il parcouroit la ligne B Q, en autant de temps qu'il faudroit à l'arc B T, pour paffer fous le Meridien ; & la ligne B G en autant de temps qu'il en faudroit à l'Arc B F ; & enfin la ligne B A, c'eft à dire, tout le demidiametre, en autant de temps que l'Arc B Z, c'eft à dire, le quart de Cercle de l'Equateur. Et comme le quart de Cercle de l'Equateur paffe précifément en fix heures, il fe voit qu'en cette opinion le poids tombant du point B, & paffant par les portions du demidia-

metre

metre B A , dans les mesmes temps qu'il faudroit pour passer les Arcs de l'Equateur dont lesdites portions sont les Sinus verses ; ce mesme poids (supposé le mouvement journalier de la terre) arriveroit au bout de six heures précises au centre : d'où remontant en proportion contraire à sa cheûte, & par la mesme raison des Sinus verses, il arriveroit au bout d'autres six heures à la surface de la terre opposée, de laquelle il retomberoit une autre fois en mesme espace de temps jusqu'au centre ; & enfin il retourneroit au bout de vingt-quatre heures précises au point B, d'où il estoit premiérement parti.

Supposé donc que ce soit là le genie & la nature des choses pesantes ; si nous prenons la ligne BD pour l'espace, qu'une fleche tirée horizontalement du point B doit parcourir dans le temps que l'Arc BF de l'Equateur ou son Parellele aura passé sous le Meridien, il est constant que la fleche sera cependant descenduë par son propre poids de toute la longueur de la ligne BG, qui est le Sinus verse du mesme Arc BF. Et si nous divisons le susdit Arc BF en parties égales comme aux points STV, & la ligne BD, ou son égale AC, en autant d'autres, aux points ILN ou HKM, ainsi qu'il s'est dit ; il se verra que le mouvement de Lation, qui a esté communiqué à la fleche par l'impulsion, selon la ligne BD, estant uniforme, la fleche aura couru l'espace BI dans le mesme temps que l'Arc BS aura passé : & comme cependant elle sera descenduë par son poids de la longueur de la ligne BP ou IO, la fleche se trouvera alors au point O, où les deux lignes, de Lation uniforme BI, ou PO, & de cheûte BP ou IO, se rencontrent. Tout de mesme elle sera en X quand l'Arc BT aura passé, parce que c'est en ce point où se trouvent la ligne de Lation égale BL ou QX, & celle de de la cheûte BQ ou LX, qui se font l'une & l'autre dans le mesme temps du passage de l'Arc BT. Et la mesme chose se pouvant dire de tous les points de la courbe BOXYE ; il est évident que c'est celle que décriroit une fleche en l'hypotese susdite ; & que par conséquent cette ligne est la mesme que celle qui est décrite pour la diminution des Colonnes Toscanes & Doriques : ce qu'il falloit démontrer.

Que si l'on desire en décrire la figure tout d'un trait, & sans estre obligé de se servir de plusieurs points trouvez, on peut faire un instrument assez commode pour cét effet, qui doit estre composé d'un Secteur de Cercle, d'une roüe avec son pignon, d'une regle endentée & d'une autre regle, (comme en la quatriéme Figure de la premiére Planche) où le Secteur ABF est le mesme que celuy de la troisiéme Figure de la premiére Planche que nous avons expliquée ; c'est à dire, que les lignes AB & AF de la quatriéme Figure sont égales au module, & l'Arc BF à celuy qui est compris entre les deux lignes BD & GE de la troisiéme Figure, qui font l'intervalle de la plus grande diminution de la Colonne. Cét Arc BF dans ladite quatriéme Figure doit estre entrecoupé de dents, qui s'enchassant dans les dents du pignon C, le fassent mouvoir, & donner le tour à la roüe LIK, qui dans la circonference a d'autres dents égales & entrelacées avec celles de la regle GH, afin que par le mouvement circulaire de la roüe, la regle GH se puisse également avancer en ligne droite. Enfin il faut prendre une autre regle comme ES qui soit égale & parallele à la premiére GH, & tellement attachée à ses extrémitez E & S, qu'elle se meuve en avançant avec elle, & conservant son parallelisme, en sorte toutefois que rien ne l'empesche cependant de s'approcher vers le point A, & de suivre l'attraction continuelle qui est faite par une autre petite regle comme BD, qui estant attachée à un pivot sur lequel elle puisse tourner au bout de l'Arc en B, embrasse de son autre extrémité D ladite regle ES, & la contraigne de suivre la descente de l'Arc, sans embarasser cependant le mouvement droit & en avant qui luy est communiqué par la regle GH.

Il paroist par cette construction que si le diametre de la roüe LIK est au diametre du pignon C, comme la ligne IH, c'est à dire, les deux tiers de la Colonne, est à la longueur de l'Arc BPF ; & si les dents du pignon sont égales à celles du susdit Arc, & celles de la roüe LIK à celles de la regle GH ; il s'ensuivra que la regle endentée GH s'avancera uniformement depuis I jusqu'en H dans les mesmes intervalles de temps que l'Arc B F paſſera auſſi uniformement ſous le pignon C depuis F juſqu'en B; de telle ſorte que le bout de la regle H ſe trouvera préciſément en R, lors que le point B ſe trouvera en P, & qu'il y aura meſme proportion de toute la ligne I H à ſa partie I R, que de tout l'Arc B F à ſa partie B P, & ainſi des autres.

Il s'enſuivra de plus, que tandis que la ligne E S ſera portée uniformement en avant vers H par le mouvement de Lation égale de la regle G H, elle ſera encore portée d'un autre mouvement vers le point A, qui luy ſera communiqué par l'attraction continüelle de la regle B D, laquelle eſtant attachée au point B, fera que la ligne E S deſcendra ſelon la proportion des Sinus verſes des portions de l'Arc B F; c'eſt à dire, que lors que la partie de l'Arc B F aura paſſé depuis le point F juſqu'en P, & que cependant la ligne E S aura coulé par le mouvement de la regle G H depuis I juſqu'en R; la meſme E S ſera auſſi deſcendüe de toute la diſtance R Q ou F N, qui eſt le Sinus verſe de l'Arc F P, en telle ſorte qu'elle ſe trouve alors au point Q. Et lors que l'Arc entier B F aura paſſé depuis F juſqu'en B, & que cependant la ligne E S aura coulé juſ-qu'en H, elle ſera auſſi deſcendüe de toute la ligne H S ou F M, qui eſt le Sinus verſe dudit arc F B, & en cette maniére elle ſe trouvera au point S, aprés avoir décrit, en ſon paſſage compoſé des mouvemens des deux regles G H & B D, la ligne Cour-be I Q S, qui eſt celle que l'on cherche.

Cette deſcription eſt la meſme que celle de Vignole, qui fait ſes Colonnes Toſca-nes & Doriques également groſſes depuis la baſe juſqu'au tiers de leur hauteur, où il commence leur diminution, & la continüe juſques ſous le chapiteau. Mais ſi on vou-loit que la diminution commençant au ſuſdit tiers ſe fiſt auſſi uniformement de part & d'autre, & auſſi bien vers la baſe que vers le chapiteau; il ne faudroit qu'ajouſter au Secteur A B F, une autre Secteur A B T égal à la moitié dudit Arc A B F; afin que paſſant ſous le pignon C de la part de K, & donnant un mouvement contraire au haut de la roüe L I K, la regle I G fuſt pouſſée également vers le point X, où elle arriveroit lors que le ſuſdit Arc B T auroit paſſé ſous le pignon, & que cependant la regle E S, ou plûtoſt O V, ſeroit deſcendüe depuis F juſqu'en N, c'eſt à dire, depuis X juſqu'en V, où elle ſe trouveroit, aprés avoir décrit en ſon paſſage la ligne Courbe I V, qui eſt la meſme que la ligne I Q S continüée de la part de V. Et ainſi l'on auroit toute la li-gne V I Q S pour le Contour d'un coſté de la Colonne, lequel pourra eſtre transferé de l'autre part, ſi on veut avoir ſon entiére deſcription.

Et quoy que cette maniére paroiſſe défectueuſe, en ce qu'elle ſemble ne pouvoir eſtre propre que pour la délinéation de la diminution d'une Colonne dont la longueur & groſſeur ſeroit déterminée, & qu'il faudroit autant d'inſtrumens differens, qu'il y peut avoir de differentes meſures de Colonnes, c'eſt à dire, infinies; il s'y peut néantmoins trouver un remede aſſez facile, & donner à cette Machine la meſme uni-verſalité pour les Colonnes Toſcanes & Doriques, que nous l'avons attribuée au diſcours cy-deſſus, à celle de Nicomedes pour les Ioniques, Corinthiennes & Com-poſées.

Il ne faut que faire la regle endentée & le Secteur d'une grandeur indéfinie, & mar-quer ſes dents en forme de rayons partans du Centre, & remplir les eſpaces qu'ils font entre eux en s'écartant, en ſorte qu'ils ſoient toûjours égaux aux intervalles des dents du pignon, afin que ſur la longueur du Rayon qui paſſe par le point B, on puiſſe hauſ-ſer ou baiſſer le pivot, ſur lequel tourne la regle B D ſelon la meſure du module don-né de quelque Colonne que l'on propoſe.

QUATRIEME DISCOURS.

APPLICATION DES SECTIONS
Coniques au Trait de la diminution des Colonnes.

J'AUROIS terminé ces raisonnemens sur lesquels il semble que je me suis suffisamment estendu, si le discours précedent ne m'avoit fait faire une nouvelle réflexion sur le mesme sujet, qui est que tout ainsi que sur l'opinion de quelques-uns touchant la nature du mouvement d'un poids qui tombe, nous avons démontré que les corps jettez horizontalement décrivoient une ligne à-peu-prés pareille à celle dont on se sert pour le trait de la diminution des Colonnes Toscanes & Doriques; il me semble que ces mesmes corps jettez décrivant une autre espece de ligne dans l'opinion que quelques-autres ont eûë du mesme mouvement, on peut présumer que cette ligne pourroit estre de quelque utilité pour la délinéation des mesmes Colonnes.

Et comme l'une & l'autre de ces deux opinions est fondée sur des raisons également probables, & marchent sur des proportions si prochaines, qu'il est presque impossible que l'esprit humain les puisse discerner l'une de l'autre par l'experience, ou les convaincre de faux dans les hauteurs qui sont à nostre connoissance; il y a aussi grande apparence que les lignes des corps jettez, que nous pouvons appeller *lignes de Projection*, tirant leur origine de principes si semblables & si proches, ne doivent pas aussi estre fort differentes, ou d'une nature ou figure extrêmement éloignée l'une de l'autre.

Tant y a que les mesmes espaces qui dans l'opinion cy-dessus expliquée estoient parcourus par un poids qui tombe en certains intervalles de temps égaux, selon la suite des Sinus verses des Arcs égaux de l'Equateur; les mesmes intervalles, dis-je, sont passez dans une autre opinion en mesmes temps selon la suite des nombres impairs, en sorte que si dans le premier moment de sa cheûte il parcourt 1 de ces espaces, il en passera 3 dans le second, 5 dans le troisiéme, 7 dans le quatriéme, 9 dans le cinquiéme, 11 dans le sixiéme, & ainsi à l'infini.

Et parce que dans le premier temps il a passé 1 espace, & 3 espaces dans le second temps, il aura parcouru 4 espaces dans le premier & second temps ensemble, c'est à dire, en 2 temps; & 1, 3, & 5 espaces, c'est à dire, 9 dans le premier, second & troisiéme, cest à dire, en 3 temps; & 1, 3, 5 & 7, c'est à dire, 16 espaces dans le premier, second, troisiéme & quatriéme, c'est à dire, en 4 temps, & ainsi des autres. Où il se voit que comme le nombre 4 des seconds espaces est le Quarré de 2 qui est le nombre des seconds temps, & 9 qui est le nombre des troisiémes espaces est le Quarré de 3 nombre des troisiémes temps, & 16 nombre des quatriémes espaces est le Quarré de 4 nombre des quatriémes temps, & ainsi des autres; c'est à dire en un mot, que parce que les nombres impairs ajoustez consecutivement l'un à l'autre produisent la suite des premiers Quarrez; il s'ensuit par conséquent que les nombres des espaces sont entre eux comme les Quarrez des nombres des temps, & que la raison de ceux-là est double de celle de ceux-cy.

La vraysemblance de ces deux opinions se connoist aussi par la proximité des nombres des espaces qui se parcourent en l'une & en l'autre dans les mesmes temps, qui est telle, que si au premier moment il se fait un espace, au second il s'en fera 3 dans une opinion, & environ 3 moins $\frac{1}{12}$ dans l'autre, au troisiéme il s'en passera 5 dans l'une, & 5 moins $\frac{1}{12}$ dans l'autre, au quatriéme 7 dans l'une, & 7 moins $\frac{1}{12}$ dans l'autre, au cinquiéme 9 dans l'une, & 9 moins $\frac{1}{12}$ dans l'autre; & ainsi consecutivement à l'infini. Où il paroist que ces differences sont si petites, & si peu remarquables dans les

E

hauteurs où nous pouvons faire les experiences, qu'il eſt abſolument impoſſible d'aſſeûrer avec certitude de la verité ou fauſſeté de l'une ou l'autre de ces deux opinions.

Galil. de motu.

Ce que Galilée a ſi bien reconnu, que bien qu'il ſoit l'Auteur de l'opinion qui ſoû-
tient que les eſpaces ſuivent la progreſſion des nombres impairs, & que ſur ce principe il ait compoſé un Livre entier du mouvement rempli d'un grand nombre de propoſitions ingenieuſes; il a néanmoins trouvé l'autre opinion ſi belle, qu'il n'a pû s'em-

Galil. 2. de Siſtem.co/m.

peſcher de la produire comme ſi elle venoit de luy dans le deuxiéme de ſes Dialogues
du Siſteme du Monde, & d'en parler d'une maniére à faire croire que ce fut ſon veritable ſentiment. Il y explique meſme quelques propriétez de ce mouvement ſur ce
principe, leſquelles ſont tout-à-fait admirables; & celle-cy entre autres, que ſuppoſé
le mouvement de la Terre, la ligne qu'un poids tombant de ſa ſurface au Centre décriroit par ſa cheûte, ſeroit Circulaire, & égale à celle qu'il déſigneroit, s'il ne partoit
pas de ladite ſurface.

Sur quoy je dirai en paſſant, que pour faire en ſorte que cette propoſition ſoit veritable, il faut non ſeulement ſuppoſer que la Terre ſe meut, mais meſme qu'elle ne ſe
meut que de ſon mouvement journalier, c'eſt à dire, ſur ſon propre centre; parce que ſi
l'on y veut ajoûter l'annuel, ces lignes ceſſeront d'eſtre Circulaires, & deviendront plûtoſt des eſpeces de Cycloides ou Roulettes, *ou meſme des Spirales*, auſſi bien celle que
décrit un Poids qui tombe, que celle qui eſt faite par le point de la ſurface de la Terre, duquel il eſt parti pour tomber. Et c'eſt peut-eſtre la raiſon qui fait dire ſur la fin
de ſon diſcours ſur ce ſujet à Galilée, que n'oſant pas aſſeûrer que ce ſoit-là la nature
des corps qui tombent, il peut au moins avancer cette propoſition, que ſi la ligne de
leur cheûte n'eſt pas cette Circulaire, c'en eſt une autre qui luy reſſemble, & qui ne
s'en éloigne que de fort peu.

Mais pour retourner à noſtre propos, le meſme Galilée ayant démontré que ſur
l'hypotheſe de la cheûte des poids en proportion des nombres impairs, la ligne de
Projection eſt Parabolique, qui dans l'autre hypotheſe eſtoit Spirale; & comme la Parabole & la Spirale ont d'ailleurs un ſi grand nombre de propriétez communes, qu'el-

P. Greg. à S. Vincen-tio.

les ont fait dire à un grand Geometre de noſtre temps, que *la Parabole n'eſtoit qu'une
Spirale dévelopée* ; il y a grande apparence que l'effet de l'une en la diminution des
Colonnes pourroit auſſi eſtre heureuſement produit par l'autre.

I.

Pour la Parabole.

C'Eſt ce qui m'a fait réſoudre à expliquer preſentement une maniére aſſez facile
de décrire & d'appliquer la ligne Parabolique aux Colonnes, afin que l'on en
puiſſe faire l'experience, & la mettre deformais en uſage, ſi elle ſatisfait aux yeux de
ceux qui s'y connoiſſent.

Figure I. de la II. Planche.

Pour l'appliquer il y faut proceder en cette façon. La ligne A B ſoit la longueur
de toute la Colonne, C D le demidiametre de ſa plus grande groſſeur, C G ou B F
le demidiametre de ſa moindre groſſeur ſous le Collet ou Gorgerin, A C le tiers de
la Colonne, ou telle autre partie où on voudra que la diminution commence. Aprés
quoy la ligne C D doit eſtre continuée en N, en ſorte que D N ſoit égale à D G ou
E F; & ſur la ligne C N, comme diametre on décrit le demicercle N O C, qui coupe la ligne D E en O, & l'on fait D H égale à D O, laquelle ſera par conſequent
moyenne proportionnelle entre C D & D G; puis il faut mener H I parallele à A B,
qui ſoit coupée en I par la ligne D I, tirée du point D par le point F, & l'on fait les
lignes C K & C M égales à H I. Enfin du point D comme ſommet, ſur l'axe D C &
ſur l'amplitude M K, on décrit la ligne Parabolique M L D F K laquelle paſſera neceſſairement par le point F, & laiſſera de part & d'autre la ligne, L D F pour la diminution que l'on demande.

La

La démonstration en est aisée, parce que la ligne H D estant moyenne proportionnelle entre les deux C D & D G, il s'enfuit que le quarré de H D sera au quarré de D G, comme la ligne C D est à la ligne D G; mais le quarré de D H est au quarré de G D, comme le quarré de H I ou C K est au quarré de G F; donc le quarré de l'ordonnée C K sera au quarré de l'ordonnée G F, comme la portion de l'axe C D est à la portion G D. Et partant le point F sera dans la Parabole dont l'axe sera C D, le sommet D, & l'ordonnée C K, c'est à dire, l'amplitude M K.

Je ne groffirai point ce difcours de toutes les differentes maniéres dont on se sert pour décrire les Paraboles, soit par le moyen de plufieurs points trouvez, ou tout d'un trait, par des instrumens qui se trouvent aifément dans les Livres. J'avertirai feulement les Ouvriers que Galilée leur en enfeigne une dans ses Méchaniques, que j'eftime facile & ingenieufe, & que j'ay fait heureufement pratiquer par les Charpentiers du Roy, en la fabrique des Vaiffeaux & Galéres, pour ce qu'ils appellent leur donner beau Galbe à la Pouppe.

Elle est telle, qu'il ne faut que faire la defcription cy-deffus, au plan d'un mur qui soit à plomb, en forte que la ligne M K soit de niveau, & attacher deux clous aux deux repaires K & M qui terminent l'amplitude de la Parabole, fur lefquels il faut laiffer librement pendre une fifcelle ou chaifnette, jufqu'à ce que de son milieu elle vienne à toucher le point D, c'est à dire, le sommet de la Parabole, afin qu'elle la marque dans toute son étenduë; en forte que si cette cordelette est frottée de crayon ou fanguine, & qu'on la faffe toucher doucement au mur fans la changer de fituation ny la varier, la ligne Parabolique se trouve défignée fur le plan du mur, laquelle paffera neceffairement par le point F.

I I.

Pour l'Ellipfe.

QUE si l'on veut éprouver quel effet peut faire la ligne Elliptique, il faut (dans la 2. Figure de la 2. Planche) décrire un demicercle fur tout le diametre de la plus grande groffeur de la Colonne K D, lequel coupe G F en H, & abbaiffer la ligne H I parallele à D K; puis tirer la ligne I D, à laquelle du point B il faut mener une parallele B O qui rencontre la ligne K D continuée en O, & faire les quatre lignes C N & C M, D P & D Q égales à la ligne C O; & par ce moyen l'on aura les deux Axes de l'Ellipfe M N & K D, laquelle paffera neceffairement par le point F; & les deux points Q & P en feront les foyers, qui font appellez Singliots par les Ouvriers, & par le moyen defquels l'Ellipfe ou ovale peut eftre facilement décrite. *(Fig. II. de la II. Planche.)*

La démonftration en est telle, parce que B O est parallele à I D; la ligne C O sera à C B, c'est à dire, C N à G F, comme C D est à C I ou G H; & le quarré de l'ordonnée C N au quarré de l'ordonnée G F, comme le quarré de C D est au quarré de G H, c'est à dire, comme le rectangle K C D est au rectangle K G D; & partant le point F sera dans l'Ellipfe dont M N & D K feront les Axes. Le refte au fujet des foyers Q & P, se voit clairement par la 52. du 3. des Coniques d'Apollonius.

I I I.

Pour le Cercle.

PEUT-ESTRE que la ligne Circulaire mefme tombera dans le gouft de quelques-uns. Elle se peut appliquer en cette maniére. Il faut (dans la 3. Figure de la 2. Planche) mener la ligne droite D F, fur laquelle au point H, où elle est partagée en deux également, il faut tirer une perpendiculaire H I, laquelle rencontre la ligne D C continuée en I, où fera le centre du Cercle, qui ayant I D pour rayon, paffera auffi par le point F. *(Fig. III. de la II. Planche.)*

F

Mais comme ce centre I peut fe trouver tellement éloigné, que la pratique de la defcription du Cercle en deviendroit difficile, ou mefme impoffible; l'on peut fe fervir de deux regles, comme DO & DN de grandeur indéterminée, & attachées en D, en forte qu'elles contiennent l'angle FDM; & mettant deux repaires fermes aux deux points F & M, que je fuppofe également diftans du point G; il faut faire marcher le fommet de l'angle D depuis L jufqu'en F, en forte que la regle DN touche toûjours le point M, & la regle DO le point F; & par ce moyen le point D décrira par fon paffage la ligne Circulaire L D F que l'on demande.

I V.

Pour l'Hyperbole.

*Fig. IV.
de la II.
Planche.*

ET fi l'on veut fçavoir fi l'Hyperbole y eft utile, il faut (dans la 4. Figure de la 2. Planche) continüer indéfiniment la ligne CD, & prendre les deux DI & IK égales à DC, en forte que DK foit égale au plus grand diametre de la Colonne ; puis fur les deux lignes DK & GI comme diametres, il faut décrire deux demicercles s'entrecoupans au point H, & du point G tirer la ligne GH, & la continüer en R, en forte que GR foit égale à GF; puis du point R, il faut mener RL parallele à HI, c'eft à dire, perpendiculaire à GR, & qui rencontre la ligne GK continuée en L. Enfuite on prend la ligne DM égale à RL, & ayant tiré la ligne IM, on fait de part & d'autre du point I fur la ligne CK continüée, les lignes IO & IP égales à IM. Et par ce moyen font trouvez les foyers ou Singliots O & P de l'Hyperbole, dont l'Axe tranfverfe eft DK, fon Axe conjugué TS double de la ligne DM, le centre I, le fommet D, où elle touchera la ligne DE, & paffera par le point F.

Voicy comme je le démontre, parce que l'angle IHG eft droit dans le demicercle IHG, & la ligne HI demidiametre du Cercle DHK; la ligne GH touchera le fufdit cercle au point H, & partant le rectangle KGD fera égal au quarré GH, & le rectangle KGD fera au quarré de l'ordonnée GF, comme le quarré GH au mefme quarré GF, ou de fon égale GR, c'eft à dire, comme le quarré HI, ou de fon égale DI, au quarré RL, ou de fon égale IS; c'eft à dire , en prenant leurs quadruples, comme le quarré du diametre KD au quarré du diametre TS. Et partant le point F fera dans l'Hyperbole, dont les deux Axes feront DK & TS, le centre I, & le fommet D. Maintenant parce que DM eft égale à IS, le quarré IM ou IO fera égal aux quarrez ID & IS; mais le quarré IO eft auffi égal au quarré ID, & au rectangle KOD; donc le rectangle KOD eft égal au quarré IS, c'eft à dire , au quart de la Figure, & excedant d'un quarré, dont le cofté eft la ligne DO; & par confequent le point O & le point P qui eft également diftant du centre I, feront les foyers de l'Hyperbole fufdite : ce qu'il falloit démontrer.

Il y a mille moyens de décrire les Hyperboles, quand on a trouvé fes Axes & fes foyers ; & le plus aifé pour les Ouvriers eft celuy de M. des Cartes qui fe pratique

*Inftrumem
pour la dé
linéation de
l'Hyperbole.* ainfi. On prend une grande regle, comme PQ, que l'on attache par un bout au Singliot P, fur lequel elle tourne, & par l'autre bout Q à une ficelle QFO, qui doit eftre plus courte que la regle de toute la longueur de la ligne DK; l'autre extrémité de la corde s'attache à l'autre Singliot O.

Cela fait, il faut tenir la ficelle tout prés de la regle, comme fi elle y eftoit collée, ainfi qu'il fe voit dans la Figure, depuis Q jufqu'en F, ou depuis V jufqu'en X; & en tournant la regle fur le pivot P, & tenant toûjours la corde joignant la regle, le point où elles fe joindront décrira par ce mouvement l'Hyperbole FXD que l'on demande, laquelle pourra eftre continüée de l'autte cofté, en changeant la regle de face.

CINQUIEMI

CINQUIE'ME DISCOURS.

DETERMINATION DES MANIERES
infinies d'appliquer les Sections Coniques au Trait de la diminution des Colonnes.

IL faut icy remarquer que bien que je n'aye parlé cy-deſſus que d'une ſeule maniére d'Ellipſe & d'Hyperbole, ſçavoir de celle où l'Axe tranſverſe de l'une & de l'autre eſt égal au plus grand diametre de la Colonne ; il y a pourtant un nombre infini d'autres eſpeces de l'une & de l'autre qui peuvent eſtre décrites, & ſervir utilement à la diminution des Colonnes, & de ſorte qu'elles touchent la ligne DE en D, & paſſent par le point F. Ce que j'explique en cette maniére.

Aux deux lignes DG & GF (dans la 5. Figure de la 2. Planche) ſoit faite une troi- *Fig. V.* ſiéme proportionnelle GH ; & du point H ſoient menées des lignes de tous coſtez, *de la II.* comme HD, HL, H ᴧ, HM, &c. leſquelles coupent la ligne DE continüée en *Planche.* D, Q, P, I, O, &c. en ſorte qu'elles rencontrent diverſement la ligne DG continüée in-définiment : C'eſt à ſçavoir que HD la coupe au point D, HL au deſſus du ſuſdit point D, H ᴧ luy ſoit parallele, HM la coupe en M au deſſous du point G, & HN en N, en ſorte que GN ſoit égale à GD, & enfin H λ au point λ, en ſorte que G ᴧ ſoit moindre GD ; enſuite de tous les points de la ligne GD, compris entre G & D, ſoient entenduës eſtre menées des lignes paralleles à GH, & qui ſoient moyennes propor-tionnelles entre les portions de la ſuſdite ligne GD, compriſes reſpectivement entre le ſommet D & leſdites paralleles, & les portions deſdites paralleles contenuës entre ladite DG & les lignes tirées du point H. Ces choſes ainſi ſuppoſées.

Je dis que toutes ces moyennes proportionnelles ſeront les ordonnées des lignes regulieres, dont l'Axe ſera GD, le ſommet D, où la pluſpart touchera la ligne DE, & paſſeront par le point F, ſuivant cét ordre.

I.

L ᴇs moyennes proportionnelles entre les parties de l'Axe DG, & les portions des paralleles coupées par la ligne HD, comme AZ moyenne entre AD & AS, ſeront *les ordonnées à une ligne droite DZF.*

I I.

L ᴇs moyennes proportionnelles entre les parties de GD, & les paralleles coupées par la ligne HL comme AT moyenne entre AD, & AB, *ſeront dans l'Hyperbole DTF,* dont DL ſera l'Axe tranſverſe, & DQ le droit. Où il paroiſt que ce ſera l'Hyperbole que nous avons décrit cy-deſſus, ſi la ligne DL eſt égale au plus grand diametre de la Colonne, & GF égale aux deux tiers de ſa longueur.

I I I.

L ᴇs moyennes proportionnelles entre les parties de GD, & les paralleles coupées par la ligne H ᴧ, comme AV moyenne entre AD & AC, *ſeront les ordonnées à la Pa-rabole DVF,* qui eſt celle que nous avons expliquée cy-deſſus, & dont GD ſera l'Axe, & GH ou DP le diametre droit ou contigu.

I V.

L ᴇs moyennes proportionnelles entre les parties de GD, & les paralleles coupées par la ligne HM, comme AX moyenne entre AD & AK, *ſeront les ordonnées à une*

Ellipſe D X F, dont l'Axe tranſverſe eſt D M, & ſon droit ou contigu eſt D I. Où il ſe voit qu'elles ſeront au cercle que nous avons décrit au précedent diſcours, ſi les lignes G H & M G ſont égales, & qu'elles ſeront dans l'Ellipſe que nous avons expliquée au meſme endroit, ſi la ligne D M eſt égale au plus grand diametre de la Colonne.

V.

LES moyennes proportionnelles entre les parties de G D & les paralleles coupées par la ligne H N, comme A Y moyenne entre A D & A R *ſont auſſi dans une Ellipſe D Y F,* dont l'Axe tranſverſe eſt D N, & le droit D O. Où il faut remarquer que G N ayant eſté faite égale à G D dans cette hypotheſe, la ligne G F ſera la moitié de l'Axe de meſme conjugaiſon avec D N, & partant cette Ellipſe eſt la derniére de celles qui peuvent ſervir aux Colonnes, parce que toutes les autres, dont les Axes tranſverſes ſont moindres que D N, ont quelques ordonnées au ſuſdit Axe & au deſſus du point G qui ſont plus longues que G F, & qui ſont par conſequent paſſer la courbe de l'Ellipſe au-de-là de la ligne E F, comme il ſe voit en l'hypotheſe qui ſuit.

V I.

LES moyennes proportionnelles entre les parties de G D, & les paralleles coupées par la ligne H λ, comme A ρ moyenne entre A D & A μ, *ſont ordonnées à une Ellipſe D ρ F,* dont l'Axe tranſverſe eſt D λ, & le droit D ν; où il ſe voit que ſi le point A eſt plus prés du point milieu de la ligne D λ que le point G, la ligne A ρ ſera plus longue que G F; & par conſequent le point ρ de l'Ellipſe paſſera au-de-là de la ligne E F en ρ, d'où elle retournera en F, aprés avoir fait une Courbûre en dehors : ce qui ne peut pas ſervir aux Colonnes.

V I I.

ENFIN, ſi la ligne du point H coupe D G entre D & G comme en π; il arrivera 1. Que toutes les moyennes proportionnelles entre les parties de π D & les paralleles tirées entre les points π & D, & coupées par la ligne H π continüée en τ, comme A β moyenne entre A D & A ξ, *ſeront ordonnées à un Cercle D β π* ſi les lignes π D, τ D ſont égales, *ou à une Ellipſe,* ſi elles ſont inégales, dont l'Axe tranſverſe ſera π D & le droit τ D.

2. Et toutes les moyennes entre les parties de G D & les paralleles tirées de tous les points de la ligne G π, & coupées par la ligne H π, comme ψ χ moyenne entre ψ D & ψ φ, *ſeront ordonnées à une Hyperbole π χ F,* qui touchera la ſuſdite Ellipſe au point π, & aura meſmes Axes qu'elle, ſçavoir π D pour tranſverſe, & D τ pour droit.

En quoy il ſe voit encore que ny l'une ny l'autre de ces deux lignes ne peuvent avoir aucune utilité pour les Colonnes, parce que l'Ellipſe ne paſſe point par F, & l'hyperbole ne touche point la ligne D E en D, qui ſont conditions neceſſaires pour leſdites Colonnes.

Maintenant, comme on peut tirer une infinité de lignes du point H entre les deux lignes H G & H A qui couperont la ligne G D en quelque point au deſſus de D, lequel terminera l'Axe tranſverſe *d'une Hyperbole utile aux Colonnes ;* & comme on peut tirer une autre infinité de lignes du meſme point H, qui couperont la meſme G D au deſſous du point N en quelque point qui terminera l'Axe tranſverſe *d'une Ellipſe auſſi utile aux Colonnes.*

De plus, comme les unes & les autres deſdites lignes ſont reguliéres, uniformes, & qui ſe peuvent décrire par une infinité de maniéres differentes, auſſi-bien que par celles que nous avons cy-deſſus expliquées, & qui (à la reſerve de celles dont les Axes tranſverſes ſont coupez par les lignes tirées du point H entre les points D & N) touchent toutes la ligne D E en D, & paſſent par le point F.

Il s'enſuit que l'on peut utilement décrire une infinité de ces lignes pour le trait de la diminution des Colonnes, entre leſquelles la Parabole ſera la moyenne, ſous laquelle

paſſeront

paſſeront les Hyperboles dans l'eſpace contenu entre la Parabole & la ligne droite DF, & toutes les Ellipſes paſſeront au deſſus, c'eſt à dire, dans l'eſpace compris
entre la Parabole & la droite DE.

Et quoy qu'entre ces lignes j'aye ſeulement choiſi pour exemple celles dont
l'Axe tranſverſe eſtoit égal au plus grand diametre de la Colonne, ce n'a pas eſté
pour eſtre plus aiſées, ou plus utiles que les autres, mais ſeulement parce que cette
grandeur s'eſt trouvée ainſi déterminée.

De toutes ces choſes, on peut juger ſi je n'ay pas eû raiſon de ſouhaiter au premier Diſcours de ce Probleme, que l'Auteur *du Paradoxe propoſé à réſoudre à tous les
Architectes*, ſe fuſt un peu plus clairement fait entendre de la nature de la ligne, que
l'on peut, comme il dit, décrire *Architectoniquement parfaitement* pour le renflement &
diminution des Colonnes; puis qu'aprés que quelqu'un en aura décrit *Architectoniquement parfaitement* une infinité par les maniéres cy-deſſus dites, il dépendra toûjours
de la volonté de l'Auteur *du Paradoxe* de s'en réſerver une infinité d'autres, & dire
qu'on n'aura pas encore trouvé la ſienne.

Outre que cette meſme infinité de lignes qui ſe trouve dans ces trois ſections de
Cone, que M. des Cartes appelle lignes du premier Genre, dont les Equations ne
montent qu'aux quarrez, ſe rencontre de meſme dans toutes les lignes des Genres
plus élevez, leſquels eſtant d'ailleurs infinis, produiſent encore une infinité d'infinité
de lignes régulières, uniformes, que l'on peut décrire *Architectoniquement parfaitement*,
& qui ſont propres à réſoudre *le Paradoxe* propoſé.

Sans parler d'une autre infinité de lignes, qui ne ſont pas compriſes ſous ces Genres, comme de la Roulette, Ovales de M. des Cartes, Spirales, Cyſſoides, Con-
choides, Quadratrices, &c. leſquelles ſont auſſi lignes uniformes & réguliéres, & qui
par conſéquent peuvent faire effet dans cette deſcription.

RESOLUTION

DES

QUATRE PRINCIPAUX

PROBLEMES

D'ARCHITECTURE.

SECOND PROBLEME RESOLV.

L'Apollonius François des Tactions, ou décrire Géometrique-
ment les Arcs rampans sur toutes sortes de pieds
droits & de hauteur.

PREMIER DISCOURS.

IL y a deux choses qui meritent d'estre considerées au sujet des Arcs rampans, qui sont ordinairement mis en pratique sur des ouvertures & hauteurs données ou non données ; l'une regarde la maniére de les décrire, & qui fait le sujet du present Probleme ; l'autre traite du moyen de tirer leurs joints de teste, qui est expliqué dans le Probleme suivant.

Premiére Observation.

Sur la maniére de décrire les Arcs rampans, je me suis souvent étonné que la pratique que Pappus enseigne dans le 8. de ses Collect. Mathem. de trouver les Axes d'une Ellipse, dont les diametres de mesme conjugaison sont donnez, ne fust pas en
usage

uſage parmi les Ouvriers pour la deſcription de ces Arcs, veû qu'elle y eſt ſi utile
& ſi aiſée.

Et aprés avoir medité ſur les cauſes qui peuvent l'avoir juſqu'icy fait negliger,
j'en ay trouvé deux aſſez apparentes. La premiére eſt, qu'il ne paroiſt pas facilement
qu'il y ait aucun rapport entre la propoſition de Pappus, & la deſcription de ces Arcs
rampans, parce qu'il faut une préparation aſſez difficile ſur les lignes données, que
l'Ellipſe ou l'Arc propoſé doit toucher en certains points, afin de trouver ſes diametres de meſme conjugaiſon, auparavant que l'on y puiſſe appliquer ce Probleme
de Pappus. L'autre raiſon eſt, que ce Probleme dans l'Auteur n'eſt expliqué que
Méchaniquement, quoy que ſa réſolution ſoit purement Géometrique, & n'ayant eſté
démontré ny par Pappus, ny meſme par Commandin qui l'a commenté, on a deû
juſqu'icy douter de ſa verité ; & l'apprehenſion que l'on a eûé de travailler ſur une
fauſſe ſuppoſition, a pû eſtre en partie la cauſe qu'on ne s'y ſoit pas étudié.

Pour ſatisfaire à l'une & à l'autre de ces raiſons, j'ay travaillé à donner une deſcription aiſée de ce qu'il faut faire pour cette préparation, c'eſt à dire, pour trouver
les diametres de meſme conjugaiſon d'une Ellipſe, ou autre ſection qui doive toucher certaines lignes données en certains points dans tous les cas qui ſe peuvent propoſer ; (ce qui peut en Géometrie porter le nom d'Apollonius des Tactions.)
Et aprés y avoir joint des Pratiques entiéres & démontrées, j'ay auſſi voulu faire
connoiſtre, que l'on pouvoit ſe ſervir aſſeûrément de la regle de Pappus, de laquelle
j'ay fait une Démonſtration purement Géometrique, afin que les Ouvriers la puiſſent doreſnavant mettre en uſage au lieu de celles qu'ils emploient, qui ſont ou
fautives & défectueuſes, ou trop embarraſſées.

Seconde Obſervation.

On peut donc conſtruire les Arcs rampans par des Ovales qui ſont faites par l'attouchement de certaines portions de Cercles, ou par le moyen des Sections Coniques,
ou meſme par une infinité d'autres lignes de divers genres. Je ne diray rien de la premiére maniére, parce qu'elle a eſté curieuſement recherchée & heureuſement décrite
par le ſieur Boſſe dans ſes derniers Ouvrages d'Architecture. La troiſiéme façon de
les décrire par des lignes d'un autre genre que les Sections Coniques eſt ſi vaſte, ou
pour mieux dire ſi embarraſſée, qu'elle ne peut pas avoir grand uſage dans la pratique.

Ce ſera donc la ſeconde qui ſe ſert des Sections Coniques que j'expliqueray dans ce
Diſcours, & particuliérement ce qui regarde les conſtructions de l'Ellipſe comme de
la Section, dont l'uſage eſt plus frequent que des autres en cette matiére.

Mais avant que de paſſer plus outre, il n'eſt pas hors de propos d'enſeigner une
choſe, qui tombe tres-ſouvent en uſage quand on traitte des Sections Coniques, &
dont la connoiſſance abregera de beaucoup les pratiques que nous déduirons cy-aprés.
C'eſt ce Probleme.

Trouver une moyenne Harmonique entre
deux lignes données.

Les deux lignes ſoient A B & C (dans la 1. Figure de la 3. Planche,) & de la plus *Figure I.*
grande A B ſoit retranchée la partie B D égale à C, & le reſte A D diviſé en deux *de la III.*
également en E. Enſuite ſur les deux lignes A D & E B comme diametres, il *Planche.*
faut faire les deux demicercles A G D, E G B ſe coupans en G, d'où il faut mener
les droites G B, G E, & abaiſſer G F perpendiculaire à A B. Je dis que la ligne
B F ſera celle que l'on cherche, & moyenne proportionnelle Harmonique entre les
deux droites données A B & C ; parce que l'angle E G B au demicercle eſtant

I

droit, auſſi-bien que les angles au point F, la ligne B E ſera à E G, comme E G
eſt à E F; c'eſt à dire, que E G ou E D ſera moyenne Géometrique entre les deux E B
& E F; & partant par converſion de raiſon, doublant les antecedens, & diviſant, la
ligne A F ſera à la ligne F D comme A B eſt à B D; c'eſt à dire, que comme la premiére A B eſt à la troiſiéme B D, ainſi A F, qui eſt l'excés de la première A B ſur la
ſeconde B F, eſt à F D, qui eſt l'excés de la ſeconde B F ſur la troiſiéme B D. Et par
conſequent les trois lignes A B, F B, D B ſont en continüelle proportion Harmonique, & la ligne B F eſt moyenne Harmonique entre les deux extrêmes A B & B D
ou C. Ce qu'il falloit faire.

Il paroiſt de plus, que le quarré de la Touchante B G eſtant égal au rectangle des
meſmes extrêmes A B & B D, la meſme B G ſera moyenne Géometrique entre ces
lignes. Et parce que la ligne A B ſurpaſſe E B du meſme excés que la ligne E B ſurpaſſe D B, il s'enſuit que cette ligne E B eſt la moyenne Arithmetique entre les meſmes extrêmes A B & B D ou C. Voilà donc entre deux extrêmes données A B & C,
trois moyennes trouvées, ſçavoir l'Arithmetique B E, la Géometrique B G, & l'Harmonique B F.

Or comme dans le Triangle E B G, la ligne E B eſt à B G comme B G eſt à B F;
il s'enſuit que la meſme B G eſt auſſi moyenne proportionnelle Géometrique entre
les deux E B & B F. Et partant que *la moyenne Géometrique entre deux lignes extrémes,*
eſt auſſi moyenne Géometrique entre les deux moyennes Arithmetique & Harmonique des meſmes
extrêmes. Ce qu'il faut remarquer.

Troiſiéme Obſervation.

Sur ce propos il y a deux choſes que je ne ſçaurois diſſimuler. La première eſt
l'étonnement que j'ay eû, qu'encore que l'on ait écrit de ſi belles choſes des Sections
Coniques, & qu'entre les propriétez de leurs Contingentes, celle-cy ait eſté recon-
nüe pour une des principales & plus frequentes, puis qu'il arrive en mille façons
qu'une ligne s'y trouve diviſée comme A B l'eſt en F & en D; de ſorte que la Toute A B
ſoit à ſa Partie D B comme A F eſt à F D. Et quoy que les plus grands Géometres
aient particuliérement recherché les admirables effets de cette eſpece de proportion,
je n'ay pourtant veû juſqu'icy perſonne qui ſe ſoit aviſé de l'appeller *Harmonique*. Il y
en a quelques-uns qui l'ont appellée *Involution*; d'autres ont dit que c'eſtoit *une moyenne*
& extréme raiſon proportionnelle; mais pas un, au moins que je ſçache, ny des Anciens
ny des Modernes, ne luy ont donné ſon veritable nom.

Quatriéme Obſervation.
Sur les Erreurs de Pappus pour l'inſcription de trois mediétez au demicercle.

La ſeconde des choſes que je ne ſçaurois diſſimuler au ſujet des proportionnalitez,
c'eſt que Pappus ayant propoſé la queſtion que j'ay expliquée cy-deſſus ſous le nom du
ſecond Probleme dans le 3. Livre de ſes Collections Mathematiques de *trouver*, ainſi qu'il
dit, *trois mediétez dans un demicercle*, il ſemble qu'il n'ait pas trop bien entendu luy-
meſme la nature de la propoſition, en laquelle il a fait, à mon ſens, deux fautes con-
ſidérables. La première eſt, d'avoir repris aſſez legerement la ſolution qu'un autre
en avoit faite avant luy, quoy qu'elle fuſt legitime. La ſeconde eſt, de l'avoir luy-
meſme mal réſoluë.

L'une & l'autre ſe reconnoiſtra par ſon diſcours & dans ſes Figures. La queſtion
commence par ce titre. *Le ſecond Probleme eſtoit tel.*

Prendre

Prendre trois mediétez dans le demicercle.

U*N* *autre*, dit - il, *l'a expliqué en cette maniére, & exposant un demicercle* A*B*C (dans *Fig. II.*
la 2. Figure de la 3. Planche) *dont le centre est* E, *& prenant dans la droite* AC *quelque* *de la III.*
point comme D, *& élevant la perpendiculaire* D B, *il a mené la ligne* EB, *sur laquelle* *Planche.*
ayant tiré du point D *la perpendiculaire* D F, *il s'est contenté d'affirmer simplement qu'il avoit*
exposé trois mediétez dans le demicercle, sçavoir EC *moyenne Arithmetique*, D B *Géometri-*
que, & BF *Harmonique. Or il est constant que* BD *est la moyenne en proportion Géome-*
trique entre les deux AD *&* DC; *& que* EC *est moyenne Arithmetique entre les deux*
mesmes extrêmes AD *&* DC, *parce que* AD *est à* DB *comme* DB *est à* DC, *& comme*
AD *est à elle-mesme; ainsi l'excés des deux* AD, AE, *c'est à dire,* AD EC *est à l'excés*
des deux EC *&* CD. *Mais il n'a point dit en quelle sorte* BF *fust moyenne en mediété*
Harmonique, ny de quelles lignes droites, c'est à dire, entre quelles extrêmes; mais il a seu-
lement asseûré qu'elle estoit la troisiéme proportionnelle aux deux EB *&* BD, *ne sçachant*
pas que des trois lignes EB, BD, BF, *qui sont en proportion Géometrique, il se forme une*
mediété Harmonique : car nous montrerons cy - dessous que deux EB, *trois* DB *&* BF
ajoûtées ensemble, font le plus grand terme d'une mediété Harmonique, de laquelle deux BD
& BF *font le moyen, &* BD *&* BF *le moindre.*

Voilà tout le discours de Pappus que j'ay traduit du Latin de Commandin, dans
lequel il paroist que Pappus n'a pas connu que la ligne BF fust la moyenne proportionnelle Harmonique entre les deux extrêmes AD & DC, entre lesquelles les
deux EC ou EB & DB sont aussi respectivement moyennes Arithmetique & Géometrique; parce qu'il ne s'est pas souvenu de ce que nous avons fait remarquer cy-
dessus, que *la moyenne Géometrique entre deux extrêmes estoit aussi moyenne Géometrique*
entre les moyennes Arithmetique & Harmonique des mesmes extrêmes; n'estant pas possible qu'il n'eust veû, si la pensée luy en estoit venuë, que la ligne BD estant moyenne Géometrique entre les deux extrêmes AD & DC, & entre les deux lignes EB
& BF, dont EB est moyenne Arithmetique entre les mesmes extrêmes AD & DC,
la ligne BF ne deust estre aussi la moyenne Harmonique entre les mesmes.

Ce qui se pourroit encore démontrer d'une autre maniére, en prenant (dans la 3. *Fig. III.*
Figure de la 3. Planche) la ligne EG égale à DC, & menant la ligne DK qui touche *de la III.*
le Cercle AKH fait du centre G & intervalle AG, & les lignes K I perpendicu- *Planche.*
laires à AC & GK, parce que la toute AE estant égale à la toute EC, & l'ostée GE
égale à l'ostée DC, le reste AG ou GH sera égal au reste ED; & ostant le commun
EH, la ligne EG ou CD sera égale à DH; & comme AD à DC, ainsi AD à DH;
mais la raison de AD à DC est double de celle de AD à DB, & la raison de AD à
DH double de celle de AD à DK; Donc la raison de AD à DB sera égale à celle
de AD à DK; & partant la ligne DK sera égale à DB. Maintenant si aux lignes égales GH & ED on ajoûte les égales HD & DC, les toutes GD & EC
ou EB seront égales; & partant GD sera à DK comme EB à BD; mais comme GD est à DK, ainsi DK est à DI; & comme EB est à BD, ainsi BD est à
BF; Donc DK sera à DI, comme DB est à BF; & partant la ligne DI sera égale
à la ligne BF. De plus, la ligne DK touchant le cercle, & K I estant perpendiculaire à AD, il s'enfuit que AD premiére est à DH troisiéme, comme AI difference de la premiére AD & seconde DI est à IH difference de la seconde ID
& troisiéme HD, c'est à dire, que la ligne DI est moyenne Harmonique entre les
deux extrêmes AD & DH ou DC. Et partant que la ligne BF égale à DI est
aussi moyenne proportionnelle entre les deux AD & DC, dont DB est la moyenne Géometrique, & EB ou EC l'Arithmetique.

Il paroist donc que le Probleme de Pappus a esté parfaitement résolu par les trois
lignes EC, BD, BF, qui sont moyennes Arithmetique, Géometrique & Harmonique en un demicercle ABC, & entre mesmes extrêmes AD & DC.

K

Et pour ce qu'il dit enſuite, que des trois lignes en proportion Géometrique E B, B D, B F ajouſtées l'une à l'autre en certaine maniere, il s'en forme une mediété Harmonique : Quoy que cela ſoit vray, & d'une analogie, (comme il dit) ingenieuſe, ainſi que nous l'avons expliqué dans un autre diſcours ; cela n'a point de rapport à la queſtion preſente, parce que cette mediété produite donne d'autres termes & d'autres proportions que celles qui ſont propoſées.

L'autre défaut ſe reconnoiſtra dans la 16. Prop. du meſme Livre, où il propoſe luy - meſme à réſoudre le Probleme cy - deſſus, qu'il prétend avoir eſté mal réſolu par d'autres. Il dit donc ainſi.

Faire trois mediétez dans le demicercle.

Fig. IV.
de la III.
Planche.

Tout ce que nous avons dit cy - deſſus (dit - il) de trois mediétez, eſt ſelon l'opinion des Anciens ; mais nous montrerons maintenant qu'il eſt poſſible de faire auſſi en ſix lignes droites & les plus petites, trois mediétez dans le demicercle.

Que l'on expoſe (dans la 4. Figure de la 3. Planche) un demicercle, dans lequel B D ſoit perpendiculaire, E B demidiametre, ſur qui D F ſoit auſſi à angles droits ; & par B ſoit menée G B H qui touche le cercle ; & aprés avoir continüé A C en G, ſoit faite B G égale à B H, & tiré la ligne D K H. Je dis que E K eſt moyenne en mediété Harmonique, dont B E eſt la plus grande, & E F la moindre, parce que les angles aux points B & F eſtans droits, &c.....
Or nous avons démontré que les droites A D, E C, D C faiſoient une mediété Arithmetique, & que les droites E G, E C, E D, faiſoient une autre mediété Géometrique. Nous avons donc fait trois mediétez dans le demicercle.

Dans tout ce diſcours de Pappus je ne vois pas bien ce qu'il entend par ces mots, de *faire au demicercle trois mediétez en ſix lignes les plus petites* ; car quoy que les trois lignes B E, E K, E F faſſent une mediété Harmonique, que les trois A D, E C, D C une Arithmetique, & les trois E G, E C, E D une Géometrique ; elles ſont néanmoins plus de ſix lignes differentes, & elles ne ſont pas toutes dans le demicercle, hors duquel s'étend la ligne E G. De plus, il ne peut pas entendre par ces ſix lignes trois couples d'extrêmes comme A D, D C : B E, E F : & E G, E D : entre leſquelles il faille trouver trois moyennes dans le demicercle, tant parce que pas une de ces extrêmes n'eſt déterminée, & qu'elles ne ſe trouvent non plus que les moyennes que par la conſtruction, que parce que, comme nous venons de dire, il y a une de ces extrêmes, ſçavoir E G, qui tombe hors du demicercle.

Le Probleme ſeroit élegant, ſi ayant propoſé trois couples de lignes diſpoſées en certaine maniére, comme A D, D C : E G, E D : A G, & une autre, comme A L : il falloit trouver le demidiametre d'un cercle comme E C, qui fuſt reſpectivement moyenne Arithmetique, Géometrique, & Harmonique aux trois couples propoſez en la meſme ſorte qu'elle l'eſt Arithmetique & Géometrique aux deux couples A D, D C : & E G, E D : Mais comme elle n'eſt plus moyenne, mais plus grand terme au troiſiéme couple propoſé E B, E F : la propoſition eſt défectueuſe.

Ou bien à la maniére que les anciens l'ont entendu & réſolu, comme il dit, en cinq lignes ſeulement, ſçavoir qu'il falluſt trouver dans le demicercle les trois moyennes entre deux extrêmes, comme entre les deux A D, D C trouver A E moyenne Arithmetique, B D Géometrique, & B F Harmonique ; ou entre les deux B E, E F, aprés avoir diviſé B F en deux également en I, trouver E I moyenne Arithmetique, E D Géometrique, & E K Harmonique ; ou enfin entre les deux A G, G C trouver E G Arithmetique, B G Géometrique, & D G Harmonique. Et ainſi une infinité d'autres.

Et Pappus auroit en cette maniére évité l'obſcurité qui ſe trouve dans ſon Probleme, qui fait douter qu'il l'ait bien entendu luy - meſme, auſſi - bien que ſon Interprete Commandin.

SECOND

SECOND DISCOURS.

TROVVER LES DIAMETRES
de mesme conjugaison des Sections, selon les differentes sujétions des Arcs à décrire.

Mais pour retourner à nostre propos, aprés une si longue digression, il faut se souvenir de ce que nous avons enseigné pour trouver une moyenne Harmonique entre deux lignes données. Et pour commencer aux pratiques de nos Arcs rampans, nous dirons que l'on suppose un Arc à décrire sur deux pieds droits à une hauteur déterminée, ou non déterminée ; & en l'un & l'autre cas ces deux pieds droits sont parallels ou inclinez l'un à l'autre, soit en talu ou en surplomb. De plus, si la hauteur est donnée, le plan qui la détermine est parallele au plan de la rampe de l'Arc, ou bien l'un & l'autre estant continüez se rencontrent.

Il faut donc parler de tous ces cas, & trouver premiérement sur toutes ces Hypotheses, deux diametres de mesme conjugaison d'une section Conique qui fasse l'Arc que l'on demande ; & en suite appliquer à ces diametres le Probleme de Pappus, si c'est dans une Ellipse, ou d'autres pratiques, si c'est une autre Section, pour en trouver les Axes & les Foyers ou Singliots, par le moyen desquels la Section proposée puisse estre facilement désignée.

Et pour y travailler avec ordre, nous commencerons premiérement par l'explication de ceux dont la hauteur n'est point déterminée, pour passer en suite aux autres.

PREMIERE OBSERVATION.
Décrire les Arcs, dont la hauteur n'est point déterminée.
PROBLEME PREMIER.

Soit donc (dans les 5. 6. & 7. Figures de la 3. Planche) les deux pieds droits A C, B D parallels, soit qu'ils soient à plomb (comme en la 5. & 6. Figure,) ou que l'un soit en talu & l'autre en surplomb (comme en la 7. Figure). *Fig. V. VI. VII. de la III. Planche.* La ligne de la rampe A B (qui conjoint les deux points A & B, où l'Arc doit toucher les pieds droits, soit qu'elle soit horizontale (comme en la 5. Figure) ou inclinée à l'horizon (comme en la 6. & 7.) soit divisée en deux également en H, & par H soit menée I H G parallele aux pieds droits ; je dis que si l'on prend deux lignes égales de part & d'autre du point H sur la ligne I G comme H G & H I à quelque distance qu'on les vueille étendre, les deux lignes A B & I G feront les diametres d'un cercle, si les lignes A H & H G sont égales, ou les Axes d'une Ellipse, si elles sont inégales ; & si la ligne A B est perpendiculaire aux pieds droits (comme en la 5. Figure) ou si elle leur est inclinée (comme aux deux autres Figures) elles feront les diametres de mesme conjugaison d'une Ellipse, qui passant par les points I & G, & ayant le point H pour centre, touchera les deux pieds droits en A & B. La démonstration en est claire par la converse de la 27. du 2. des Coniques d'Apollonius.

Au reste, en cette Hypothese il n'y a que le cercle au seul cas cy-dessus, ou l'Ellipse en tous les autres, qui puissent résoudre le Probleme, n'estant pas possible de décrire aucune autre Section qui touche deux lignes paralleles.

L

PROBLEME SECOND.

Sɪ les pieds droits A C & B D eſtans tous deux en talu, (comme en la 8. Figure de la 3. Planche) ſe rencontrent, eſtant continüez en G, la ligne de la rampe A B doit eſtre diviſée en deux également en Z ; & du point G par Z, il faut mener la ligne G Z Y continüée indéfiniment. De plus, ſi vous partagez G Z en deux également en E, & qu'entre les deux points E & Z vous en preniez un autre en quelque endroit que ce puiſſe eſtre, comme en F ; je dis que ce point F déterminera le ſommet d'une Ellipſe, qui touchera les deux pieds droits en A & B. Et que ſi en prenant la ligne F H égale à F Z, vous faites que comme G H eſt à H F, ainſi F Z ſoit à une quatriéme Z Y, le point Y en ſera le centre ; D'où ſi vous faites Y N égale à F Y, la toute F N en ſera le diametre.

Pour trouver l'autre diametre de meſme conjugaiſon, il faut du point Y mener une ligne K Y I parallele à A B, & qui rencontre en K & I les lignes des pieds droits C A, D B continüées. Puis du point B il faut mener B L parallele à Z Y, & entre les deux I Y & L Y, trouver la moyenne Géometrique Y O, à laquelle il faut faire Y M égale, afin que la toute M I ſoit diviſée Harmoniquement en L & O ; & que par conſéquent la ligne M O ſoit l'autre diametre de meſme conjugaiſon avec F N d'une Ellipſe, qui paſſant par les points A & B, y touche les lignes des pieds droits C A & D B.

La démonſtration s'en fait en cette ſorte ; parce que la ligne G H eſt à H F, comme F Z eſt à Z Y, en compoſant, permutant & compoſant G Y ſera à F Y, comme F Y à Z Y ; & partant le quarré de F Y ſera égal au rectangle G Y Z.

De plus, ſi du point A ſur K I vous tirez A P parallele à Z Y, il s'enſuivra que les deux B L, A P ſeront égales, auſſi-bien que les deux Y L, Y P ; & parce que les deux Y K & Y I ſont auſſi égales, auſſi-bien que les deux Y M & Y O ; il s'enſuivra encore que la ligne Y O eſtant moyenne Géometrique entre les deux Y I & Y L, ſon égale Y M ſera auſſi moyenne Géometrique entre les deux Y K & Y P ; & les quarrez égaux des lignes Y O & Y M ſeront égaux aux rectangles égaux I Y L, K Y P.

Maintenant, le quarré F Y eſtant égal au rectangle G Y Z, & le quarré Y O au rectangle I Y L, les quarrez ſeront entre eux comme les rectangles : mais le rectangle G Y Z eſt au rectangle I Y L en raiſon compoſée des lignes G Y à I Y, c'eſt à dire, B L à L I, & de Y Z ou B L à L Y ; donc le quarré de F Y ſera au quarré Y O en raiſon compoſée des lignes B L à I L, & de B L à Y L, c'eſt à dire, comme le quarré de B L au rectangle I L Y : mais le rectangle I L Y eſt égal au rectangle M L O, (comme nous le démontrerons cy-deſſous.) Et partant le quarré B L ſera au rectangle M L O, comme le quarré F Y eſt au quarré Y O, ou en prenant leurs quadruples, comme le quarré du diametre F N eſt au quarré du diametre M O : mais B L eſt parallele au diametre F N, & partant ordonnée au diametre M O ; donc le point B ſera dans l'Ellipſe, dont les lignes F N & M O ſeront diametres de meſme conjugaiſon. On démontrera par le meſme raiſonnement, que le point A ſera dans la meſme Ellipſe.

Il ne reſte donc plus qu'à prouver que les lignes C A & D B toucheront cette Ellipſe aux ſuſdits points A & B. Ce qui ſe fait ainſi. Dautant que les trois lignes G Y, F Y, Z Y, ſont en continüelle proportion Géometrique, & que Y N eſt égale à Y F ; il s'enſuit, par ce que nous avons dit cy-deſſus, que la toute G N eſt diviſée Harmoniquement aux deux points Z & F ; & partant par la 34. du 1. des *Coniques* d'Apollonius, que les deux droites G A & G B touchent l'Ellipſe en A & B. Ce qu'il falloit démontrer.

Maintenant, afin de faire voir, (comme je l'ay promis dans la ſuite de la démonſtration de ce Probleme) que le rectangle I L Y eſt égal au rectangle M L O ;

je

je diray ainſi. Le quarré Y O eſt égal au rectangle I Y L, par ce qui a eſté dit cy-deſſus; mais le quarré Y O eſt auſſi égal au quarré Y L, & au rectangle M L O; & le rectangle I Y L auſſi égal au meſme quarré Y L, & au rectangle I L Y ; le quarré Y L avec le rectangle M L O ſera égal au meſme quarré Y L avec le rectangle Y L I; & partant, ſi on oſte le commun quarré Y L, le rectangle M L O reſtera égal au rectangle I L Y. Ce qu'il falloit montrer.

Pour avoir une entiére détermination de ce Probleme , nous dirons que G Y eſtant à F Y comme F Y à Z Y; par converſion de raiſon, & en permutant G Y ſera à F Y, comme G F eſt à F Z; où il ſe voit que la ligne G Y eſtant plus grande que F Y, il faut auſſi neceſſairement que la ligne G F ſoit plus grande que F Z, c'eſt à dire, que F Z ſoit moindre que la ligne E Z, qui eſt la moitié de G Z, & que par conſequent, pour faire en ſorte que le Probleme ſoit poſſible , il faut prendre le point du ſommet F entre les deux E & Z. Où il paroiſt que plus on le prendra éloigné du point Z, plus l'Ellipſe montera & s'agrandira à l'infini, à meſure que le ſommet F s'approchera du point E ; comme au contraire , elle diminura , & deviendra plus platte en s'approchant de la ligne de la rampe A B , à meſure que le meſme ſommet F s'approchera du point Z.

Que ſi les lignes A G & B G ſont égales, l'on pourra ſe ſervir d'un cercle pour la ſolution de ce Probleme , dont le centre ſera dans la ligne G Z, au point où elle ſera coupée par les lignes tirées des points A & B perpendiculaires aux lignes A C & B D. Mais en tous les autres cas de cette hypotheſe, il n'y a que la ſeule Ellipſe qui puiſſe ſervir à la ſolution du Probleme , eſtant impoſſible de trouver aucune autre ſection qui touche les deux pieds droits, & dont le ſommet ſe trouve en dehors vers le point N.

PROBLEME TROISIE'ME.

Sɪ les deux pieds droits A C & B D ſont tous deux en ſurplomb (comme aux 9. 10. & 11. Figures de la 3. Planche) & eſtans continüez, ſe rencontrent en G, la ligne de la rampe A B doit eſtre diviſée en deux également en Z ; & du point G par Z, il faut mener G Z indéfiniment, & partager la ligne G Z en deux également en E. Aprés quoy, il faut ſçavoir que cette propoſition contient trois cas differens, à chacun deſquels il convient une particuliére Section Conique. Car ou l'on prendra le ſommet en E, auquel cas la Section qui réſout le Probleme eſt une Parabole (comme en la 9. Figure;) ou bien entre E & Z, auquel cas il faut une Ellipſe (comme en la 10. Figure;) ou enfin entre E & G, & alors il faut une Hyperbole pour ſatisfaire à la queſtion (comme en la 11. Figure.) Il faut donc examiner les ſuſdits cas l'un aprés l'autre.

Fig. IX.
X. XI.
de la III.
Planche.

Premier Cas du troiſiéme Probleme.

Sɪ donc vous prenez le ſommet de voſtre Section en E, point milieu entre G & Z (comme en la 9. Figure de la 3. Planche); & qu'aux deux lignes E Z & Z B vous trouviez une troiſiéme proportionnelle E F, que vous faſſiez en E parallele à A B; je dis que la Parabole dont le ſommet eſt E, le diametre E Z, & ſon parametre ou diametre contigu ſous un angle Z E F égal à A Z E, eſt la ligne E F, paſſera par les points A & B, ou elle touchera les lignes A C & B D: car la ligne E F eſtant troiſiéme proportionnelle Géometrique aux deux E Z & Z B, le quarré de Z B ou de ſon égale Z A, ſera égal au rectangle Z E F; & parrant les lignes Z A, Z B ſeront ordonnées au diametre E Z d'une Parabole dont le ſommet ſera E, & le diametre contigu E F. Et parce que E Z eſt égal à G E, les deux lignes G A & G B toucheront la Parabole aux points A & B, par la 33. du 1. des Coniques d'Apollonius.

Fig. IX.
de la III.
Planche.

M

Second Cas du troisiéme Probleme.

Fig. X.
de la III.
Planche.
Si vous prenez le sommet de voſtre ſection entre les points E & Z (comme en la
10. Figure) au point F; & qu'aprés avoir fait F H égal à F Z, vous faites que comme la ligne G H eſt à H F, ainſi F Z ſoit à une quatriéme Z Y. Et ſi vous tirez
par le point Y la ligne K Y I parallele à la rampe A B, & rencontrant les lignes A C, B D continüées en K & I, ſur laquelle K I des points A & B, vous me-
nez des lignes A P & B L paralleles à G Y, & qu'entre les deux K Y & Y P, ou
leurs égales I Y & Y L, vous faites des moyennes Géometriques de part & d'autre Y M & Y O; & enfin ſi vous prenez Y N égale à Y F, je dis que les deux
lignes F N & M O ſont diametres de meſme conjugaiſon d'une Ellipſe, qui touchera les deux lignes des pieds droits A C & B D aux points A & B.

La démonſtration en eſt quaſi la meſme que celle du Probleme précedent, & elle
ſe fait ainſi. Parce que G H eſt à H F comme F Z à Z Y, en compoſant, permutant, & compoſant, G Y ſera à F Y comme F Y à Z Y ; & partant le Quarré F Y
ſera égal au rectangle G Y Z. Mais le rectangle K Y P ou I Y L eſt auſſi égal au
quarré M Y ou Y O ; partant le rectangle ſera au rectangle comme le quarré eſt au
quarré. Maintenant le rectangle G Y Z eſt au rectangle K Y P en raiſon compoſée des lignes G Y à K Y, c'eſt à dire, A P à K P, & Z Y ou ſon égale A P à Y P:
Donc le quarré F Y ſera au quarré M Y en raiſon compoſée des lignes A P à K P,
& A P à P Y, c'eſt à dire, comme le quarré A P eſt au rectangle K P Y. Mais le
rectangle K P Y eſt égal au rectangle M P O (comme nous dirons cy-deſſous)
Donc le quarré F Y eſt au quarré M Y, ou prenant leurs quadruples, le quarré du
diametre F N eſt quarré du diametre M O, comme le quarré A P eſt au rectangle
M P O. Nous prouverons par le meſme diſcours que le quarré B L a auſſi la
meſme raiſon au rectangle M L O ; mais les lignes A P & B L ſont paralleles au
diametre F N, elles ſeront donc ordonnées au diametre M O, & les points A &
B ſeront dans l'Ellipſe, dont le centre ſera Y, & les lignes F N, M O diametres de
meſme conjugaiſon.

Je dis de plus, que ladite Ellipſe touchera les lignes A C, B D aux meſmes points
A & B, parce que la ligne F Y eſt moyenne Géometrique entre les deux G Y &
Y Z; & Y N eſt égale à F Y : la toute G N ſera diviſée Harmoniquement aux
deux points F & Z, & la ligne G Z ſera moyenne Harmonique entre les deux extrêmes G N & G F ; & la ligne A Z eſt égale à Z B & parallele à M O ; donc les
deux lignes A G & B G toucheront aux points A & B l'Ellipſe dont le ſommet eſt
F, les diametres de meſme coniugaiſon F N & M O, & les ordonnées A Z & B Z,
par la 34. du 1. des Coniques d'Apollonius.

Il ne reſte donc plus qu'à démontrer que les deux rectangles K P Y & M P O ſont
égaux, ce qui ſe fait en cette maniére. Le quarré M Y & le rectangle K Y P ſont
égaux ; mais le quarré M Y eſt égal au rectangle M P O avec le quarré P Y ; & le
rectangle K Y P eſt égal au rectangle K P Y avec le meſme quarré P Y ; eſtant donc
des égaux le meſme quarré P Y, les reſtes ſeront égaux, ſçavoir le rectangle K P Y
au rectangle M P O. Ce qu'il falloit démontrer.

Que ſi les lignes A G & B G ſont égales, & que des points A & B l'on mene des lignes perpendiculaires aux meſmes A C & B D, elles ſe rencontreront dans la ligne
G Z en un point qui ſera le centre d'un cercle utile pour la ſolution de ce Probleme.

Troiſiéme Cas du troiſiéme Probleme.

Fig. XI.
de la III.
Planche.
Enfin, ſi vous prenez le point F entre E & G (comme en la 11. Figure); & que
F H eſtant priſe égale à G F, vous faſſiez que comme Z H eſt à H F, ainſi F G
ſoit

foit à une quatriéme G Y ; puis par le point Y, fi vous tirez indéfiniment la ligne K Y I parallele à la ligne de la rampe A B, & rencontrant les lignes C A & D B continüées en K & I, fur laquelle I K des points A & B vous faffiez tomber les lignes A P & B L parall018 à Z Y, afin qu'entre les deux P Y & Y K, ou leurs égales L Y & I Y, vous puiffiez prendre les moyennes Géometriques de part & d'autre Y M & Y O, & qu'enfin vous faffiez Y N égale à Y F.

Je dis que Y eft le centre d'une Hyperbole, dont les diametres de mefme conjugaifon font F N & M O, & le fommet F, laquelle paffant par les points A & B, y touchera les deux pieds droits A C & B D.

Parce que la ligne M Y ou O Y eft moyenne Géometrique entre les deux P Y & Y K, ou leurs égales L Y & I Y ; le quarré de M Y ou de Y O fera égal au rectangle K Y P. De plus, parce que Z H eft à H F, comme F G eft à G Y, en compofant, & permutant Z F fera à F Y comme H F ou fon égale F G à G Y, & en compofant Z Y fera à F Y comme F Y à G Y ; & partant le quarré de F Y fera égal au rectangle Z Y G. Donc le quarré F Y fera au quarré M Y, comme le rectangle Z Y G eft au rectangle K Y P : Mais le rectangle eft au rectangle en raifon compofée des lignes Z Y à Y P ou fon égale A Z, & de Y G à Y K, c'eft à dire, (à caufe de la fimilitude des triangles G Z A, G Y K,) de G Z à la mefme A Z : Donc le quarré F Y fera au quarré M Y, en raifon compofée des lignes Y Z à A Z, & G Z à A Z, c'eft à dire, comme le rectangle Y Z G au quarré A Z. Mais le rectangle Y Z G eft égal au rectangle N Z F, (ainfi que nous le démontrerons cy-après;) Et partant le quarré F Y fera au quarré M Y, ou prenant leurs quadruples, le quarré du diametre N F fera au quarré du diametre M O, comme le rectangle N Z F eft au quarré A Z : Mais la ligne A B eft parallele à M O, & divifée en deux également en Z ; Donc l'Hyperbole dont le fommet eft F, le centre Y, & les diametres de mefme conjugaifon N F & M O, paffera par les points A & O.

Je dis de plus, qu'elle y touchera les lignes des pieds droits A C & B D : ce que je prouve en cette manière. D'autant que la ligne F Y eft moyenne Géometrique entre les deux Z Y & G Y, & que N Y eft égale à F Y, la toute N Z fera divifée Harmoniquement aux deux points G & F ; & la ligne G Z fera la moyenne Harmonique entre les deux extrêmes N Z & F Z ; & par confequent, par la 34 du 1. des Coniques d'Apollonius, les deux lignes A G & B G toucheront l'Hyperbole en A & B.

Il ne refte plus qu'à prouver que le rectangle Y Z G eft égal au rectangle N Z F : ce que je fais ainfi. Puis que Z Y eft à F Y, comme F Y eft à Y G ; par converfion de raifon, & en permutant Z Y fera à F Y ou fon égale Y N comme F Z à F G ; & compofant Z N fera à Y N comme Z G à F G ; & par converfion de raifon Z N fera à Z Y comme Z G eft à Z F ; & partant le rectangle des moyennes Y Z G fera égal au rectangle des extrêmes N Z F. Ce qu'il falloit démontrer.

SECONDE OBSERVATION.

Décrire les Arcs rampans dont les hauteurs font données.

PREMIERE HYPOTHESE.

Quand les lignes des pieds droits font paralleles.

PROBLEME QUATRIE'ME.

Fig. XII.
XIII. de
la III.
Planche.

SI les pieds droits A C, B D font parallels (comme aux 12. & 13. Figures de la 3.
Planche) & la ligne E F, qui détermine la hauteur, eft auffi parallele à celle de
la rampe A B ; en ce cas il ne faut que divifer la ligne A B en deux également en H,
& tirer par le point H la ligne I H G parallele aux lignes des pieds droits, & rencontrant E F en G ; puis en prenant de l'autre part du point H la ligne H I égale
à H G, le point H fera le centre, & les deux lignes A B, G I diametres de mefme
conjugaifon d'une Ellipfe, laquelle touchera les deux pieds droits aux points donnez
A & B, & la ligne E F en G ; avec cette difference, que fi A B eft perpendiculaire aux pieds droits, & que H G foit égale à A H, les deux A B & I G feront les
diametres d'un Cercle, ou les Axes de l'Ellipfe propofée, fi H G & A H font
inégales.

La démonftration eft toute entiére dans la 32. du 1. & la converfe de la 27. du 2.
des Coniques d'Apollonius.

PROBLEME CINQUIEME.

Figure
X I V.
X V. de
la I I I.
Planche.

Si les pieds droits A C, B D eftant parallels, la ligne E F qui détermine la hauteur rencontre la ligne de la rampe A B comme au point I, foit de la part de B,
(ainfi que la 14. Figure de la 3. Planche,) ou de la part de A (comme en la 15. Figure ;) il faudra divifer comme deffus la ligne A B en deux également au point H, &
tirer H G indéfiniment de part & d'autre du point H, & parallele aux pieds droits,
qui coupe la ligne E F au point G. Puis il faut faire G K égale à G F, & mener I K,
à laquelle il faut auffi mener du point F une ligne parallele F L, & faire la ligne G M
égale à G L. Je dis que le point M fera celuy où l'Ellipfe que l'on cherche doit toucher la ligne E F ; & que fi après avoir mené M N parallele à A B, vous faites H O
égale à H N, & fur la ligne G O comme diametre, vous décrivez un Cercle G R O,
qui coupe en R la ligne H R, tirée du point H perpendiculaire à H G, faifant enfuite
les deux lignes H P, & H Q égales à H R, vous aurez les deux lignes P Q & A B
pour fes diametres de mefme conjugaifon.

La démonftration s'en fait en cette maniére, après avoir mené la ligne M V parallele à H G. Dautant que G K eft égale à G F, G L à G M, & L F parallele à I K,
la ligne I G fera à G K, c'eft à dire, G F, comme G F eft à G L, c'eft à dire, G M.
Et parce que M V eft parallele à G H, la ligne I H fera à A H ou H B, comme I G
eft à G F ; & A H ou H B à H V, comme F G à G M, c'eft à dire, que H B fera
moyenne Géometrique entre les deux I H & H V ; & parce que A H eft égale à
H B, la toute A I dans la 14. Figure fera divifée Harmoniquement aux deux points
V & B, ou dans la 15. Figure la toute B I aux deux points V & A, & en l'une
& en l'autre la ligne V I fera la moyenne Harmonique entre les deux A I & B I : Et
par confequent H V fera à V B, comme H B à B I ; & A I à I H, comme V I à I B.
Par le mefme raifonnement nous montrerons que le rectangle G H O, c'eft à di-

re ,

re, G H N eſtant égal au quarré de H R ou H P, les trois lignes Q G, N G & P G
ſont auſſi en continüelle proportion Harmonique.

Maintenant la raiſon du quarré H B, c’eſt à dire, du rectangle I H V au rectangle
A V B eſtant compoſée des raiſons des lignes I H à A V, & H V à V B, c’eſt à dire,
H B à B I; & cette compoſition eſtant la meſme que celle de I H à B I, c’eſt à dire, A I à I V, & de H B à A V; & celle-cy eſtant encore la meſme que de A I à A V,
& de H B à I V; il s’enſuit que la raiſon du quarré H B au rectangle A V B ſera
compoſée des raiſons de A I à A V, & de H B à I V. Mais parce que A I eſt à I H,
comme V I eſt à B I, en permutant, & par converſion de raiſon dans la 14. Figure,
ou en diviſant dans la 15; A I ſera à A V, comme I H à H B; & partant la compoſition de raiſons de A I à A V, & de H B à I V, ſera la meſme que celle de I H à H B,
& de H B à I V, c’eſt à dire, la meſme de I H à I V. Le quarré donc de H B, c’eſt
à dire, le rectangle A H B ſera au rectangle A V B, comme I H eſt à I V, c’eſt à dire,
comme G H eſt à M V ou H N: Mais comme G H eſt à H N, ainſi eſt le quarré P H,
c’eſt à dire, le rectangle Q H P au quarré de H N ou M V; Donc le rectangle A H B
ſera au rectangle A V B, comme le rectangle Q H P eſt au quarré de M V; & en
permutant le rectangle A H B ſera au rectangle Q H P, comme le rectangle A V B eſt
au quarré de M V. Et partant l’Ellipſe dont A B & Q P ſeront diametres de meſme
conjugaiſon, paſſera par le point M, d’où ſont tirées les deux ordonnées M V
& M N paralleles auſdits diametres.

Il paroiſt encore qu’elle touchera les deux pieds droits A C & B D aux points A
& B, parce que ces points ſont au bout du diametre A B, & que les pieds droits
ſont parallels à l’autre diametre P Q. Je dis de plus, qu’elle touchera la ligne E F
au point M ; ce qui eſt clair par la 34. du 1. des Coniques d’Apollonius.

Si la ligne de la rampe eſtant perpendiculaire aux pieds droits, la ligne tirée du
point H en M ſe trouvoit auſſi perpendiculaire à celle de la hauteur E F, & égale à
l’une des deux A H ou B H, ce ſeroit un Cercle qui réſoudroit la queſtion, dont
le centre ſeroit H, & le diametre A B; ce qui eſt clair par ce qui a eſté démontré
cy-deſſus.

SECONDE HYPOTHESE.

*Quand les pieds droits ſe rencontrent, & la ligne de la
hauteur eſt parallele à celle de la rampe.*

PROBLEME SIXIE'ME.

SI les pieds droits A C & B D ne ſont point parallels, mais en talu (comme en *Figure*
la 16. Figure de la 3. Planche,) en ſorte qu’eſtant continüez, ils ſe rencontrent *X V I.*
au deſſous au point G, de la part de C & D; & ſi la ligne E F qui détermine la hau- *de la III.*
teur eſt parallele à celle de la rampe, il faut couper la ſuſdite ligne A B en deux *Planche.*
également au point Z, par lequel de G il faut tirer indéfiniment la ligne G Z, qui
coupera auſſi E F en deux également en H; duquel point H il faut tirer la ligne H B,
& la couper en deux également en X, par où du point F il faut mener la ligne F X
qui rencontre G Z en Y, puis mener A H & E Y qui ſe rencontrent en V. Je dis
que Y ſera le centre de l’Ellipſe, qui touchera les trois lignes A C en A, B D en B,
& E F en H. Et que ſi l’on fait Y N égale à Y H, & que menant par le point Y la
ligne K Y I parallele à A B, & A P, B L paralleles à G Y, l’on faſſe Y M moyenne
Géometrique entre les deux K Y & Y P, & Y O égale à Y M: les deux lignes N H
& M O en ſeront les diametres de meſme conjugaiſon.

O

La démonstration s'en fait en cette maniére, aprés avoir tiré les lignes Z X, Z V, A Y & B Y. Dautant que la ligne K Y I est parallele à A B, elle sera divisée également en Y, & partant les deux triangles E Y K, F Y I sur bases égales, & entre mesmes parelleles seront égaux, aussi-bien que les deux A Y K, B Y I. Et partant les deux triangles E Y A, F Y B seront égaux; mais les deux E H Y, F H Y sont aussi égaux. Il y aura donc mesme raison du triangle E Y A au triangle E H Y, que du triangle F Y B à F H Y: Mais les triangles E Y A & E Y H ayans mesme base E Y, sont entre eux comme les lignes A V & V H; & les triangles F Y B, F Y H comme les lignes B X & X H: Donc les lignes A V & V H seront entre elles comme les lignes B X & X H; mais ces derniéres sont égales par la construction: Donc les deux autres A V & V H seront aussi égales; & partant V X sera parallele & égale à la moitié de A B, c'est à dire, à A Z. Et parce que dans le triangle A B H, la ligne H B est à B X comme A B est à B Z, la ligne X Z sera parallele & égale à la moitié de la base A H, c'est à dire, à V H. Par la mesme raison V Z sera parallele & égale à X H.

Maintenant, si l'on continuë les lignes H B, E Y jusqu'à ce qu'elles se rencontrent en R: Comme nous avons montré que A Z estoit égale à V X; A Z sera à E H, c'est à dire, Z G à G H, comme V X est à la mesme E H, c'est à dire, X R à R H; & en changeant, & par conversion de raison G H sera à H Z, comme R H à H X, ou à son égale V Z. Mais à cause de la similitude des triangles H Y R, V Y Z, le costé R H est à V Z comme H Y est à Y Z: Donc G H sera à H Z comme H Y est à Y Z; & en permutant, & divisant G Y sera à H Y comme H Y à Y Z; c'est à dire, que H Y, ou son égale N Y sera moyenne Géometrique entre les deux G Y & Y Z; & partant la toute G H sera divisée Harmoniquement en Z & N; & la ligne G Z sera moyenne Harmonique entre les deux G H & G N; & G Y moyenne Arithmetique entre les mesmes. Par mesme raisonnement nous montrerons que K P est moyenne Harmonique entre les deux O K & K M; & K Y moyenne Arithmetique entre les mesmes: aussi-bien qu'entre les deux M I & I O, la ligne I L sera moyenne Harmonique, & I Y Arithmetique.

Maintenant nous pourrons faire voir par le mesme discours dont nous nous sommes servis aux précedentes propositions, que le rectangle H Y N est au rectangle M Y O, comme le quarré de A P est au rectangle K P Y, ou son égal M P O; & comme le quarré B L est au rectangle Y L I ou son égal O L M; & comme A P & B L sont paralleles à N H, elles seront ordonnées au diametre M O; & l'Ellipse, dont les diametres de mesme conjugaison seront H N & M O, passera par les points A & B, où elle touchera aussi les lignes A G, B G par la 34. du 1. des Coniques, & la ligne E F en H par la converse de la 6. du 2. du mesme. Ce qu'il falloit démontrer.

Que si les deux lignes A G & B G estant égales, & A Y perpendiculaire à A C, elle se trouvoit égale à Y H; ce seroit un Cercle, qui résoudroit le Probleme dont le centre seroit Y, & Y H demidiametre.

PROBLEME SEPTIÉME.

Figures
XVII.
XVIII.
XIX. de
la III.
Planche. Si les pieds droits A C & B D ne sont point parallels, mais en surplomb (comme aux 17. 18. & 19. Fig. de la 3. Planche, en sorte qu'estant prolongez, ils se rencontrent au dessus, comme au point G de la part de A & B; & si la ligne E F, qui détermine la hauteur de l'Arc à décrire est parallele à celle de la rampe A B. Il y a trois Cas differens en cette proposition, qui demandent chacun une Section Conique pour leur solution, en la mesme maniére que nous avons dit en l'explication du troisiéme Probleme cy-dessus: Car aprés avoir divisé la ligne de la rampe A B en deux également en Z, & tiré du point G la ligne G Z; Il arrivera que la ligne E F passera par le milieu de la susdite ligne G Z en H (comme en la 17. Figure,) ou bien elle passera au dessous (comme en la 18. Figure;) en sorte que la ligne Z H

soit

foit moindre que H G ; ou enfin elle paſſera au deſſus (comme en la 19. Figure,)
en ſorte que G H ſoit moindre que H Z. Au premier cas il faudra une Parabole pour
réſoudre la queſtion ; au ſecond une Ellipſe ; au troiſiéme une Hyperbole. Et pour
les traitter avec ordre.

Premier Cas du Probleme ſeptiéme.

Soit (comme en la 17. Figure de la 3. Planche,) la ligne de la hauteur E F, qui *Figure XVII. de la III. Planche.*
paſſe au point H, où la ligne G Z eſt diviſée en deux également ; & aprés avoir
tiré les deux lignes A H & B H, ſoit B H auſſi partagée en deux également en X,
& tirée indéfiniment F X, à laquelle du point E il faut mener E V parallele.
Je dis que la ſection qui touchera les trois lignes A C, B D, & E F aux points A, B,
& H, ſera une Parabole. Ce que je démontre en cette maniére.

Dautant que la ligne G Z eſt double de H Z, & que E F eſt parallele à A B,
la ligne G B ſera auſſi double de B F, & G A double de E A : Mais la ligne B H
eſt auſſi double de B X ; & partant dans le triangle G H B, la ligne G B ſera à B F
comme H B à B X : Donc la ligne F X ſera parallele à G H. De plus, la ligne E V
ayant eſté faite parallele à F X, elle le ſera auſſi à G H ; & partant dans le triangle G H A, la ligne G A ſera à A E comme H A à A V : Mais G A eſt double
de A E ; donc H A ſera auſſi double de A V ; c'eſt à dire, que la ligne E V divi-
ſera A H en deux également en V ; auſſi-bien que F X la ligne B H en X ; & G Z
la ligne A B en Z. Et partant par la 29. du 2. des Coniques d'Apollonius, les trois
lignes G Z, F X, E V ſeront diametres d'une ſection, que les lignes A C, B D & E F
toucheront aux points A, B, & H : Mais ces trois diametres ſont paralleles ; donc la
ſection ſera une Parabole par la 46. du 1. des meſmes Coniques. Si donc nous faiſons H I troiſiéme proportionnelle Géometrique aux deux lignes H Z & A Z ; & ſi nous
décrivons une Parabole, dont le diametre ſoit H Z, ſon parametre ou diametre contigu H I, le ſommet H, & l'angle des ordonnées G H F ; elle paſſera par les points
ſuſdits A, B, & H, où elle touchera les trois lignes A C, B D, & E F.

Et premiérement, il eſt conſtant qu'elle paſſera par le point H, puis qu'il en eſt
ſuppoſé le ſommet ; en ſuite H I eſtant troiſiéme proportionnelle Géometrique aux
deux H Z & A Z, le quarré A Z ou B Z ſera égal au rectangle Z H I ; & partant les
deux points A & B ſeront dans la Parabole, laquelle touchera les lignes A C & B D
aux meſmes points, par la 33. du 1. des meſmes Coniques, & la ligne E F en H par
la converſe de la 46. du meſme.

Second Cas du Probleme ſeptiéme.

Que ſi la ligne de la hauteur E F coupe G Z, en ſorte que G H ſoit plus grande *Figure XVIII. de la III. Planche.*
que H Z (comme en la 18. Figure de la 3. Planche ;) aprés avoir tiré les lignes A H
& B H, & diviſé H B en deux également en X, tiré F X juſqu'a ce qu'elle rencontre G Z au point Y, & mené E Y. Je dis que le point Y ſera au deſſous du
point H vers Z, & que la ſection qui touchera les trois lignes A C, B D, E F aux
points A, B, H, ſera une Ellipſe, dont le centre ſera Y. Et partant ſi nous faiſons Y N égale à Y H, & qu'aprés avoir mené par le point Y la ligne K Y I parallele à A B, & ſur laquelle tombent les lignes A P & B L paralleles à G Z, nous faiſons
(ainſi qu'il s'eſt dit tant de fois) Y M & Y O moyennes Géometriques entre K Y
& Y P, ou entre I Y & Y L, les deux lignes H N & M O en ſeront les diametres
de meſme conjugaiſon.

Il ſe démontre en cette maniére, aprés avoir continüé les lignes V E, B X juſqu'à
ce qu'elles ſe rencontrent en R, & mené les lignes V X, V Z, X Z : A Y, B Y : & F A
parallele à G Y. Dautant que G H eſt plus grande que H Z, & E F parallele à A B,
la ligne G F ſera auſſi plus grande que F B : Mais H X eſt égale à B X ; donc dans le
P

triangle GHB la ligne GF aura plus grande raiſon à FB que HX à BX, & en
compoſant GB aura plus grande raiſon à FB que HB à BX : Mais comme GB
eſt à FB, ainſi HB eſt à Bﾗ : Et par conſequent HB aura plus grande raiſon à Bﾗ
qu'à BX ; & partant BX ſera plus grande que Bﾗ ; & le point X ſera entre ﾗ & H ;
& l'angle BFY ſera plus grand que l'angle BFﾗ, c'eſt à dire, BGZ : Et partant
la ligne FY rencontrera GZ continüée de la part de Z au point Y.

De plus, comme les triangles KEY, IFY, ſur baſes égales KY & IY, & en-
tre meſmes paralleles KI, EF, ſont égaux ; auſſi-bien que les triangles KAY,
IBY, & EYH, FYH. Si des égaux KEY, IFY on oſte les égaux KAY, IBY ;
les reſtes ſeront égaux, c'eſt à dire, les triangles AEY, BFY : Et partant le triangle
AEY aura meſme raiſon au triangle EYH que BFY à FYH. Mais les triangles
AEY, EYH ayans meſme baſe EY, ſont entre eux comme les lignes AV & VH ;
& les triangles BFY, FYH ayans auſſi meſme baſe FY, ſont comme les lignes BX
& XH ; la ligne AV ſera à VH comme BX eſt à XH : Mais BX eſt égale à XH
par la conſtruction ; donc AV ſera auſſi égale à VH ; & partant la ligne EY coupera AH en deux également en V ; auſſi-bien que FY la ligne BH en X ; & GY
la ligne AB en Z ; & le point Y a eſté démontré au deſſous du point G vers Z :
Et par conſequent les trois lignes EY, FY, GY ſeront diametres d'une Ellipſe qui
touchera les trois lignes AG, BG, EF aux points A, B, & H, par la 29. du 2. des
Coniques d'Apollonius.

Je dis de plus, que les lignes HN & MO en ſeront les diametres de meſme conjugaiſon. Comme AH eſt double de HV, auſſi-bien que BH double de HX : la
ligne VX dans le triangle AHB ſera parallele, & égale à la moitié de la ligne AB,
c'eſt à dire, à AZ. Par la meſme raiſon XZ dans le meſme triangle ſera égale, & parallele à la moitié de la ligne AH, c'eſt à dire, à VH ; & VZ égale & parallele à HX ;
& partant AZ ſera à EH, c'eſt à dire, ZG à GH, comme VX à la meſme EH,
c'eſt à dire, XR à RH : & en changeant & diviſant GH ſera à HZ comme RH
à HX, ou à ſon égale VZ. Mais parce que dans le triangle RHY, la ligne RH
eſt à VZ comme HY à YZ ; la ligne GH ſera à HZ comme HY à YZ ; &
en permutant & compoſant GY ſera à HY comme HY à YZ : c'eſt à dire, que HY
ſera moyenne Géometrique entre les deux GY & YZ ; mais YN eſt égale à YH.
Donc la toute NG eſt diviſée Harmoniquement aux points Z & H ; & GZ eſt
moyenne Harmonique entre les deux NG & GH ; & GY moyenne Arithmetique entre les meſmes.

Maintenant nous démontrerons, ainſi qu'en la précedente propoſition, que
le quarré de AP ou BL eſt au rectangle MPO ou OLM, comme le quarré
du diametre HN eſt au quarré du diametre MO. Mais les lignes AZ & BZ
ſont égales entre elles, & paralleles à MO ; elles ſont donc ordonnées à l'autre
diametre HN dans l'Ellipſe, dont les diametres de meſme conjugaiſon ſont HN &
MO, laquelle touchera les lignes AC, BD en A & B, par la 34. du 1. des Coniques, & EF en H par la converſe de la 6. du 2. des meſmes.

Que ſi les lignes AG & BG eſtoient égales, & AY eſtant perpendiculaire à AC
ſe trouvoit égale à YH ; ce ſeroit un cercle qui ſatisferoit au Probleme dont le
centre ſeroit Y, & le diametre YH, ou AY.

Troiſiéme Cas du ſeptiéme Probleme.

Figure
XIX. de
la III.
Planche. ENFIN ſi la ligne de la hauteur EF coupe GZ, en ſorte que GH ſoit moindre que HZ (comme en la 19. Figure de la 3. Planche,) aprés avoir tiré com-
me cy-deſſus les lignes AH, BH, & diviſé BH en deux également en X, &
mené FX indéfiniment de part & d'autre, laquelle rencontre GZ prolongée en Y,
& AB en T, & tiré EY indéfiniment de part & d'autre, qui rencontre AH en ﾗ,
& AB en S.

Je

Je dis que le point Y fera dans la ligne G Z prolongée de la part de G, & que la
fection qui touchera les trois lignes A C, B D, E F aux points A, B & H, fera
une Hyperbole, dont le centre fera Y. Et partant fi nous faifons Y N égale à Y H,
& ayant mené la ligne P Y L par le centre Y, & parallele à A B, fi nous continüons
A G & B G jufqu'en K & I; & tirant A P & B L paralleles à G Z, fi nous prenons
Y M & Y O moyennes Géometriques entre les deux K Y & Y P, ou leurs égales I Y & Y L: les lignes N H & M O en feront les diametres de mefme conjugaifon.

Il fe démontre ainfi, aprés avoir mené la ligne X Q V parallele à A B, & rencontrant la ligne Y E au point V. Dautant que E F eft parallele à A B, & A Z
égale à B Z; E H fera aufli égale à F H; Mais dans le triangle Y Z S, la ligne E H
eft à Z S comme Y H eft à Y Z; Et dans le triangle Y Z T, comme Y H à Y Z,
ainfi H F à Z T; Donc E H fera à Z S comme H F à Z T; & partant Z S fera
égale à Z T. Mais Z T eft à Q X comme Z S à V Q; Donc Q X fera aufli égale
à Q V; & partant B Z fera à Q X, c'eft à dire, Z H à H Q comme A Z à V Q;
Et par confequent le point V eft dans la ligne A H, & le mefme que le point λ,
& en la mefme raifon de A H à H V, comme de Z H à H Q, ou B H à H X;
c'eft à dire, que la ligne Y E S coupera A H en deux également en V, comme Y F T
la ligne B H en X, & Y H Z la ligne A B en Z: & le point Y eft au deffus du
point G, comme nous le démontrerons cy-deffous; Et par confequent les trois
lignes Y E S, Y F T, Y H Z, feront diametres d'une Hyperbole qui touchera les
trois lignes A C, B D, E F aux points A, B & H, par la 29. du 2. des Coniques.

Je dis de plus, que les lignes H N & M O en font les diametres de mefme conjugaifon, aprés avoir continüé la ligne B H jufqu'à ce qu'elle rencontre la ligne E Y
en R, & mené V Z. Nous démontrerons comme en la propofition précedente,
que V X eft parallele & égale à A Z, & V Z parallele & égale à H X; & que par
confequent A Z fera à E H, c'eft à dire, Z G a G H comme V X à la mefme E H,
c'eft à dire, X R a R H; & en changeant & divifant G H fera à H Z comme R H
à H X ou à fon égale V Z. Mais dans le triangle Y V Z, la ligne R H eft à V Z
comme Y H eft à Y Z; Donc Y H fera à Y Z comme G H à H Z; & en changeant, permutant, & par converfion de raifon Y Z fera à Y H comme Y H à Y G;
c'eft à dire, que Y H fera moyenne Géometrique entre les deux Y Z & Y G; Et
comme Y N eft égale à Y H, la toute N Z fera divifée Harmoniquement aux
points G & H, & la ligne G Z fera moyenne Harmonique entre les deux N Z
& Z H, & la ligne Y Z moyenne Arithmetique entre les mefmes.

Maintenant, parce que le quarré Y H eft égal au rectangle Z Y G, & le quarré Y O au rectangle P Y K; le quarré fera au quarré comme le rectangle eft au
rectangle: Mais la raifon du rectangle Z Y G au rectangle K Y P eft compofée
des raifons des lignes Z Y à P Y, ou à fon égale A Z, & de Y G à Y K, c'eft à
dire, (à caufe de la fimilitude des triangles Y G K & Z G A) de G Z à A Z;
Donc le quarré Y H fera au quarré Y O en raifon compofée des raifons de Z Y
à A Z, & de G Z à A Z, c'eft à dire, comme le rectangle Y Z G au quarré A Z.
Mais le rectangle Y Z G eft égal au rectangle N Z H (comme nous le démontrerons cy-deffous;) Donc le quarré Y H fera au quarré Y O, ou prenant leurs quadruples, le quarré du diametre tranfverfe N H fera au quarré du diametre droit M O,
comme le rectangle N Z H au quarré A Z. Mais A Z eft égale à Z B, & parallele au diametre M O, elles feront par confequent ordonnées au diametre N Z;
& les points A & B feront dans l'Hyperbole, dont N H & M O feront diametres
de mefme conjugaifon, & le fommet au point H.

Il paroît de plus, que les lignes A G & B G toucheront la fufdite Hyperbole
aux mefmes points A & B, parce que la ligne N Z eft divifée Harmoniquement
en G & H, par la 34. du 1. des Coniques; & la ligne E F au fommet H, parce

Q

qu'elle eſt parallele à l'ordonnée A B par la converſe de la 6. du 2. des meſmes.

Il faut maintenant faire voir que le point Y eſt dans la ligne Z G prolongée de
la part de G, comme nous l'avons promis cy-deſſus: ce qui ſe fait en cette maniéc-
re, aprés avoir tiré la ligne F $\mathcal{A}$ parallele à G Z. Dautant que G H eſt ſuppoſée
moindre que H Z, & que E F eſt parallele à A B; G F ſera auſſi moindre que F B;
Mais H X eſt égale à X B; Donc G F aura moindre raiſon à B F, que H X à X B;
& en compoſant G B aura moindre raiſon à B F, que H B à B X; Mais com-
me G B à B F, ainſi H B à B $\mathcal{A}$; Donc H B aura moindre raiſon à B $\mathcal{A}$ qu'à B X;
Et partant B $\mathcal{A}$ ſera plus grande que B X, & l'angle B F X moindre que l'angle B F $\mathcal{A}$, ou ſon égal B G H: Et partant la ligne X F rencontrant $\mathcal{A}$ F en F, rencontrera auſſi ſa parallele Z G prolongée au deſſus de G en Y.

De plus, il faut montrer que les rectangles Y Z G & N Z H ſont égaux; ce
qui ſe fait ainſi. Parce que Z Y eſt à Y H comme Y H à Y G, par converſion de
raiſon, & en permutant Z Y ſera à H Y, ou à ſon égale Y N comme Z H à G H,
& en compoſant, & par converſion de raiſon N Z ſera à Y Z comme G Z à H Z.
Et partant le rectangle des moyennes Y Z G ſera égal à celuy des extrêmes N Z H.
Qui eſt tout ce qu'il falloit démontrer.

TROISIÉME HYPOTHESE.

Quand les pieds droits ne ſont point parallels entre eux,
ny la ligne de la hauteur à celle de la rampe.

PROBLEME HUITIÉME.

Figure I.
de la IV.
Planche. SI les pieds droits A C, B D ne ſont point parallels, mais en talu (comme en
la 1. Figure de la 4. Planche) en ſorte qu'eſtant prolongez, ils ſe rencontrent
au deſſous, comme au point G de la part de C & D. Et ſi la ligne E F, qui détermine la hauteur de l'Arc à décrire, n'eſt point parallele à celle de la rampe A B;
mais l'une & l'autre eſtant prolongées, ſe rencontrent comme au point I.

Il faut premiérement couper la ligne A B en deux également en Z, & tirer indéfiniment la ligne G Z; puis entre les deux E I & I F trouver une moyenne proportionnelle Harmonique I H, & du point H mener les deux H B & H A; enſuite
il faut diviſer H B en deux également en X, & mener F X qui rencontrera la ligne G Z prolongée en Y, & joindre les points E Y.

Je dis que Y ſera le centre d'une Ellipſe qui touchera les trois lignes A C en A,
B D en B, & E F en H; & que ſi ayant tiré la ligne H Y indéfiniment, & fait Y T
égale à Y H, l'on mene par le point Y la ligne N Y M parallele à E F, ſur laquelle
des points A & B l'on mene les deux A $\mathcal{A}$ & B P paralleles à H T, auſſi-bien que
A ψ & B S paralleles à M N; & qu'enfin entre les deux N Y & Y δ, l'on prenne
Y ϵ moyenne Géometrique, à laquelle on faſſe Y β égale. Je dis que les deux lignes H T & $\epsilon \beta$ ſeront les diametres de meſme conjugaiſon de la ſuſdite Ellipſe.

Pour le démontrer, il faut mener par le point Y la ligne K Y Q parallele à A B,
& Y ν perpendiculaire à G B, & Y λ à G A; puis ſur A B prolongée, des points
E & F tirer les lignes E μ & F η paralleles à G Z, & mener A Y, B Y; aprés
quoy je raiſonne en cette maniére.

Puis que K Q eſt parallele à A B, & que A B eſt diviſée en deux également
en Z, par la ligne G Z, la ligne K Q le ſera pareillement en Y; & les triangles
G K Y, G Q Y ſeront égaux, & leurs coſtez ſeront en raiſon reciproque de leurs
hauteurs,

hauteurs, c'eſt à dire, que le coſté G K ſera au coſté G Q, c'eſt à dire, G A à
G B, comme Y ν hauteur du triangle G Q Y eſt à Y λ hauteur du triangle G Y K.
De plus, les triangles A E Y & B F Y eſtant l'un à l'autre en raiſon compoſée de
celles de leurs coſtez & de leurs hauteurs, & la hauteur du triangle A E Y eſtant
Y λ, & Y ν celle du triangle B F Y; le triangle A E Y ſera à B F Y en raiſon
compoſée des raiſons du coſté A E au coſté B F & de la hauteur Y λ à la hauteur Y ν. Mais la raiſon du coſté A E à B F eſt encore compoſée des raiſons de
A E à E μ, c'eſt à dire, (à cauſe de la ſimilitude des triangles A E μ & A G Z)
de A G à G Z, de E μ à F ν, & de F ν à F B, c'eſt à dire, G Z à G B (à cauſe
que les triangles B F ν, B G Z ſont auſſi ſemblables.) La raiſon donc du triangle
A E Y à B F Y ſera compoſée des raiſons de A G à G Z, E μ à F ν, G Z à G B,
& Y λ à Y ν. Mais il a eſté démontré cy-deſſus que Y λ eſt à Y ν comme G B eſt
à G A; & les raiſons de A G à G Z, & G Z à G B ſont égales à celle de A G à
G B; & partant le triangle A E Y ſera à B F Y en raiſon compoſée de A G à G B,
G B à G A, & E μ à F ν: Mais les raiſons de A G à G B, & G B à G A ſe détruiſent; il ne reſte donc plus que la raiſon de E μ à F ν pour celle du triangle A E Y
à B F Y: Mais E μ eſt à F ν comme E I à I F, c'eſt à dire, comme E H à H F
par la conſtruction, ou comme le triangle E Y H au triangle H Y F: Donc le
triangle A E Y ſera au triangle B F Y, comme le triangle E Y H à H Y F; & en
permutant A E Y ſera à E Y H comme B F Y à H Y F. Mais les deux triangles
A E Y, E Y H ayant une baſe commune E Y, ſont entre eux comme les lignes
A V & V H; & les deux B F Y, H Y F ayant la baſe commune F Y, ſont entre
eux, par la meſme raiſon, comme les lignes B X & X H; il s'enſuit que A V eſt à
V H comme B X eſt à X H; mais celles-cy ſont égales par la conſtruction: Donc
A V ſera auſſi égale à V H.

Et partant la ligne E Y coupant A H en deux également en V; & la ligne F Y
coupant de meſme B H en X; auſſi-bien que G Y la ligne A B en Z: il s'enſuit
que les trois lignes E Y, F Y & G Y ſont diametres d'une Ellipſe, dont le centre
eſt Y, & qui touchera les trois lignes A C, B D & E F en A, B & H.

Il faut maintenant montrer que H T & ε β en ſont les diametres de meſme conjugaiſon; & pour cét effet il faut des points E & F mener ſur la ligne N M prolongée les lignes E ε & F R paralleles à H T, laquelle il faut continüer de part &
d'autre, en ſorte qu'elle rencontre A C en χ, & B D en ζ; puis du point F mener F L parallele à B H, rencontrant T H en L; & par le point X tirer L X, qui
rencontre B D en O, & mener Y O. En la meſme maniére du point E il faut mener E ς parallele à A H, qui rencontre T H en ς; d'où par le point V il faut tirer
ς V, rencontrant A C en ᴣ, & mener Y ᴣ.

Maintenant, parce que H X eſt égale à X B, la ligne L F aura meſme raiſon à
l'une & à l'autre; mais comme L F eſt à H X, ainſi (dans le triangle L Y F) la
ligne L Y eſt à Y H; & comme L F eſt à X B, ainſi (dans le triangle L O F) la
ligne L O eſt à O X: Donc L Y eſt à Y H comme L O à O X; & par converſion de raiſon L Y eſt à L H comme L O à L X; & partant dans le triangle L Y O, la
baſe Y O eſt parallele à H X, c'eſt à dire, à L F; & les triangles Y X O, L X F
ſont ſemblables, auſſi-bien que Y ζ O, L ζ F: Et par conſéquent Y O eſt à L F comme Y X à X F; c'eſt à dire, Y H à H L: & Y O à L F comme Y ζ à ζ L: Donc
Y H eſt à H L comme Y ζ eſt à ζ L; & en permutant Y ζ eſt à Y H comme ζ L
à H L: Mais comme Y ζ eſt à Y H; ainſi ζ M eſt à M F, & comme ζ L à L H,
ainſi ζ F à F B: Donc ζ M eſt à M F comme ζ F à F B, & en permutant
& par converſion de raiſon ζ M eſt à M F comme M F à M B. Mais comme ζ M
eſt à M F, ainſi ζ Y eſt à F R ou à ſon égale H Y; & comme F M à M B, ainſi F R
eſt à B P, c'eſt à dire, H Y à S Y: Donc ζ Y eſt à H Y comme H Y à S Y: Et
partant H Y ſera moyennne Géometrique entre les deux ζ Y & S Y: Mais Y T eſt
égale à Y H: Donc la toute T ζ ſera diviſée Harmoniquement aux deux points H

& S, & la ligne ζ S sera moyenne Harmonique entre les extrêmes T ζ & H ζ; & la ligne ζ Y sera moyenne Arithmetique entre les mesmes.

Par le mesme raisonnement nous démontrerons que AV estant égale à V H, la ligne E ς aura mesme raison à l'une & à l'autre; Mais E ς est à H V dans le triangle E Y ς comme EY à Y V; & E ς à AV dans le triangle E ζ ς comme E ζ à ζ A; EY sera à Y V comme E ζ à ζ A, & par conversion de raison E ζ estant à E A comme EY à E V; dans le triangle EY ζ, la base Y ζ sera parallele à AV, c'est à dire, E ς. Et partant les triangles ζ χ Y, E χ ς sont semblables, aussi-bien que ζ V Y, E V ς. Et par conséquent ζ Y sera à E ς comme χ Y à χ ς; & ζ Y à E ς comme Y V à V E, c'est à dire, comme YH à H ς: Donc χ Y sera à χ ς comme YH à H ς, & en permutant χ Y sera à YH, comme χ ς à H ς. Or est-il que comme χ Y est à YH, ainsi χ N est à N E, & comme χ ς à H ς, ainsi χ E est à E A; Donc χ N est à N E comme χ E est à E A: & en permutant, changeant, divisant & changeant χ N sera à N E comme N E à A N. Mais comme χ N est à N E, ainsi χ Y est à YH ou son égale Y T, & comme N E est à A N, ainsi H Y ou Y T est à Y ψ; Et partant χ Y est à T Y comme T Y est à Y ψ, & T Y est moyenne Géometrique entre les deux χ Y & Y ψ. Mais YH est égale à Y T; Donc la toute H χ est divisée Harmoniquement aux deux points ψ & T; & la ligne χ ψ est moyenne proportionnelle Harmonique entre les deux extrêmes H χ & χ T; & la ligne χ Y sera la moyenne Arithmetique entre les mesmes.

Maintenant, puis que la ligne H Y ou T Y est moyenne proportionnelle Géometrique tant entre les deux ζ Y & Y S, qu'entre les deux χ Y & Y ψ, les rectangles ζ Y S & χ Y ψ seront égaux entre eux, & au quarré H Y: & ils auront l'un & l'autre mesme raison au quarré Y ε ou Y β. Mais le rectangle χ Y ψ est au quarré Y ε, ou à son égal le rectangle N Y δ, en raison composée des lignes χ Y N Y, c'est à dire, A δ à N δ, & de Y ψ ou A δ à Y δ. Donc le quarré T Y sera au quarré Y ε en raison composée des lignes A δ à N δ, & A δ à Y δ, c'est à dire, comme le quarré A δ au rectangle N δ Y: Mais le rectangle N δ Y est égal au rectangle ε δ β (comme nous le démontrerons cy-dessous;) Et partant le quarré A δ sera au rectangle ε δ β, comme le quarré T Y, c'est à dire, le rectangle T Y H, est au quarré ε Y, c'est à dire, au rectangle ε Y β. Mais la ligne A δ est parallele au diametre T H, & partant ordonnée au diametre ε β; Donc le point A sera dans l'Ellipse, dont T H & ε β sont diametres de mesme conjugaison.

Par le mesme discours nous dirons que le rectangle ζ Y S estant au rectangle M Y P en raison composée des lignes ζ Y à Y M, c'est à dire, B P à P M, & de S Y ou B P à Y P; Et le rectangle M Y P estant égal au quarré Y β (comme nous le démontrerons cy-dessous;) le rectangle ζ Y S, c'est à dire, le quarré H Y sera au rectangle M Y P, c'est à dire, au quarré Y β, en raison composée des lignes B P à P M, & B P à Y P, c'est à dire, comme le quarré B P est au rectangle M P Y: Mais le rectangle M P Y est égal au rectangle ε P β (ainsi que nous le démontrerons cy-dessous;) Et par conséquent le quarré B P sera au rectangle ε P β comme le quarré H Y, c'est à dire, le rectangle H Y T est au quarré Y β, c'est à dire, au rectangle ε Y β. Mais il a esté démontré cy-dessus, que le quarré A δ estoit au rectangle ε δ β, comme le mesme rectangle H Y T est au rectangle ε Y β; Et partant le quarré A δ sera au rectangle ε δ β, comme le quarré B P au rectangle ε P β. Et parce que B P est parallele à A δ, c'est à dire, au diametre T H, elle sera ordonnée au diametre ε β; Et par conséquent le point B sera aussi dans l'Ellipse, dont les lignes T H & ε β sont diametres de mesme conjugaison.

Je dis de plus, que les lignes A C, B D & E F toucheront la mesme Ellipse aux points A, B & H; ce qui se démontre en cette maniére. Dautant que la ligne E H est

eſt tirée au ſommet du diametre T H parallele à l'autre diametre ε β, elle touchera l'Ellipſe en H par la 6. du 2. des Coniques d'Apollonius. De plus, la ligne A ψ eſtant tirée du point A dans l'Ellipſe, & parallele au diametre ε β, & coupant l'autre diametre T H au point ψ, de telle ſorte que la ligne χ ψ eſt moyenne Harmonique entre les deux H χ & χ T; la ligne A C χ touchera l'Ellipſe ſuſdite au point A par la 34. du 1. des Coniques. Et par la meſme propoſition la ligne B D ζ la touchera en B, d'où la ligne B S eſt tirée parallele à ε β, & de telle ſorte, que ζ S eſt moyenne Harmonique entre les deux T ζ & ζ H.

Nous avons donc trouvé le point Y & les deux lignes H T & ε β pour centre, & diametres de meſme conjugaiſon d'une Ellipſe qui touchera les trois lignes A C, B D, & E F aux points A, B & H. Ce qu'il falloit faire.

Il faut maintenant faire voir, ainſi que nous l'avons promis cy-deſſus, que les rectangles N ♪ Y & ε ♪ β ſont égaux, auſſi-bien que les rectangles M P Y & β P ε; & que le rectangle M Y P eſt égal au quarré Y β ou Y ε; ce que je fais premiérement pour les rectangles N ♪ Y, ε ♪ β en cette maniére. Dautant que le rectangle N Y ♪ eſt égal par la conſtruction au quarré ε Y, ſi l'on oſte de l'un & de l'autre le meſme quarré ♪ Y, le rectangle N ♪ Y reſtera d'une part, & le rectangle ε ♪ β de l'autre, qui ſeront par conſéquent égaux.

Pour la démonſtration du reſte, il faut mener la ligne V X, & la continüer de part & d'autre, juſqu'à ce qu'elle rencontre la ligne E I au point 9, & la ligne M N prolongée au point 8. Il faut de plus continüer les lignes H B & H A qui rencontrent la meſme M N prolongée en 7 & 6, & faire I θ égale à I F, puis raiſonner en cette ſorte. Dautant que A V eſt égal à V H & B X à X H, la ligne A H ſera à V H comme B H à X H; Et partant V X ſera parallele à A B; & I H ſera à H 9, comme B H à H X. Mais B H eſt double de H X, donc I H ſera auſſi double de H 9. Derechef E H eſtant à H F comme E I à I F, en compoſant, permutant, & changeant E θ ſera à E F comme I F eſt à H F. De plus, E H eſtant à H F comme E I à I F, en permutant & changeant E I ſera à E H comme I F à H F; Et partant E I eſt à E H comme E θ à E F, & par converſion de raiſon E I ſera à I H comme E θ à θ F, & en diviſant E H à I H comme E F à θ F; Et partant E H à la moitié de I H, c'eſt à dire, H 9, comme E F à la moitié de θ F, c'eſt à dire, I F, & en compoſant E 9 à H 9 comme E I à I F. Mais comme E I eſt à I F, ainſi E H à H F; Donc E 9 ſera à H 9 comme E H eſt à H F, & en permutant, & par converſion de raiſon, E 9 ſera à H 9 comme H 9 à F 9.

Or parce que dans les triangles ſemblables E V 9, Y V 8 comme E 9 eſt à H 9, ainſi Y 8 eſt à 8 6, & dans les triangles ſemblables H X 9, 7 X 8, comme H 9 eſt à F 9, ainſi 7 8 eſt à Y 8; il s'enſuit que la ligne 7 8 eſt à Y 8 comme Y 8 à 8 6, & en la meſme raiſon que E 9 à H 9; Mais comme 7 8 eſt à Y 8, ainſi 7 Y eſt à Y 6, & comme E 9 à H 9, ainſi E H ou ſon égale 2 Y eſt à H F, ou ſon égale Y R; il s'enſuit donc que 7 Y eſt à Y 6 comme 2 Y eſt à Y R, & partant que le rectangle des extrêmes 7 Y R eſt égal au rectangle des moyennes 6 Y 2.

Maintenant, parce que ζ Y eſt à H Y comme H Y eſt à S Y, par converſion de raiſon ζ Y ſera à ζ H comme Y H à H S; Mais comme ζ Y eſt à ζ H, ainſi M Y eſt à H F ou à ſon égale Y R; & comme Y H eſt à H S, ainſi 7 Y eſt à B S ou à ſon égale Y P; Donc M Y ſera à Y R comme 7 Y à Y P; & partant le rectangle des extrêmes M Y P eſt égal au rectangle des moyennes 7 Y R.

De plus, parce que χ Y eſt à H Y comme H Y à Y ψ; & que χ Y eſt à H Y comme χ N eſt à N E, & Y N à N 2; Il s'enſuit que Y N eſt à N 2 comme H Y eſt à Y ψ, & Y N à Y 2 comme H Y à H ψ. Mais H Y eſt à H ψ comme 6 Y eſt à A ψ, ou à ſon égale ♪ Y; Donc Y N ſera à Y 2 comme 6 Y eſt à ♪ Y, & le rectangle des extrêmes N Y ♪ ſera égal au rectangle des moyennes 6 Y 2.

Et par conſéquent le rectangle M Y P ſera au rectangle 7 Y R comme le rectangle N Y ♪ au rectangle 6 Y 2, & en permutant M Y P ſera à N Y ♪ comme 7 Y R à 6 Y 2. Mais il a esté démontré cy-deſſus que les rectangles 7 Y R & 6 Y 2 ſont égaux ; Partant les rectangles M Y P & N Y δ ſeront auſſi égaux. Mais le quarré ε Y, ou ſon égal β Y eſt egal au rectangle N Y δ par la conſtruction ; il ſera donc auſſi égal au rectangle M Y P.

Et ſi l'on oſte de l'un & de l'autre le commun quarré de Y P, il reſtera le rectangle M P Y égal au rectangle ε P β. Qui eſt tout ce que nous devions démontrer.

Le cercle pourroit auſſi ſervir à la ſolution de ce Probleme, ſi les deux lignes A G & B G eſtant égales auſſi-bien que les trois A Y, B Y, & H Y, celles-cy ſe trouvoient auſſi perpendiculaires aux lignes A C, B D, & E F, chacune à la ſienne.

PROBLEME NEUVIE´ME.

*Figures
II. III.
IV. de la
IV. Plan-
che.*

ENFIN, ſi les pieds droits A C & B D ne ſont point parallels, mais en ſurplomb (comme aux 2. 3. & 4. Figures de la 4. Planche) en ſorte qu'eſtant prolongez, ils ſe rencontrent au deſſus, comme en G de la part de A & B ; & ſi la ligne E F, qui détermine la hauteur de l'arc à décrire, n'eſt point parallele à la rampe A B, mais que l'une & l'autre eſtant prolongées, ſe rencontrent, comme en I.

Il y a en cette propoſition trois Cas à conſiderer, chacun deſquels demande une ſection Conique particuliére pour ſa ſolution ; car ou la raiſon de la ligne E I à I F ſera la meſme que celle de G F à F B, ou elle ſera moindre, ou elle ſera plus grande. Au premier Cas (comme en la 2. Figure) il faut une Parabole. Au ſecond Cas (comme en la 3. Figure) il faut une Ellipſe. Au troiſiéme Cas (comme en la 4. Figure) il faut vne Hyperbole. Et pour les traiter avec ordre.

Premier Cas du neuviéme Probleme.

*Figure
II. de
la IV.
Planche.*

SOIT (comme en la 2. Figure de la 4. Planche) la ligne E I à la ligne I F, comme la ligne G F à F B ; & aprés avoir coupé A B en deux également en Z, & mené G Z, qui diviſe E F en P, il faut du point F prendre F H égale à E P.

Je dis que la ſection qui touchera les deux lignes A C, B D aux points A & B, & la ligne E F, ſera une Parabole ; & que le point H ſera celuy où elle touchera la ligne E F ; en ſorte que ſi nous coupons la ligne G Z en deux également en O, & qu'aux deux lignes O Z & A Z nous faſſions une troiſiéme proportionnelle Géometrique O R, que nous menions du point O parallele à A B, la ligne O Z en ſera le diametre ſous l'angle G Z A, & O R ſera ſon parametre ou diametre contigu. Pour la démonſtration, il faut mener les lignes E L, H K, & F M paralleles à G Z, puis tirer les lignes A H Q & B H, qui rencontrent les lignes E L & M F prolongées en V, X, & Q, & mener V X & F K.

Dautant que H F eſt égale à E P, & que E L, H K, & F M ſont paralleles à G Z, les deux lignes L Z & K M ſeront auſſi égales ; & par conſéquent les deux L K & Z M, auſſi-bien que les deux E H & P F. Et parce que E I eſt à I F, ainſi que G F à F B ; & que comme E I eſt à I F, ainſi (dans le triangle E I L) E L eſt à F M ; & que comme G F à F B, ainſi (dans le triangle G B Z) la ligne Z M à M B : Il s'enſuit que E L ſera à F M, comme Z M à M B. Mais la raiſon de E L à F M eſt compoſée des raiſons de E L à A L, (c'eſt à dire, G Z à A Z) A L à M B, & M B à F M (c'eſt à dire, B Z ou ſon égale A Z à G Z :) Donc la raiſon de Z M à M B ſera auſſi égale à la compoſée des raiſons de G Z à A Z, A L à M B, & A Z à G Z ; c'eſt à dire (parce que les deux raiſons de G Z à A Z, & A Z à G Z ſe détruiſent) égale à la raiſon de A L à M B : Et par conſéquent la ligne A L ſera égale à Z M, c'eſt à dire, à L K ; mais comme A L eſt à L K, ainſi A V eſt à V H : Donc A V ſera auſſi égale à V H.

Maintenant, puis que A L eſt égale à L K, & L Z à K M ; A Z ou B Z ſera égale à L M ; & oſtant le commun Z M, les deux Z L & M B ſeront égales ;

mais

mais Z L eſt égale à K M : Donc les deux M B & K M feront auſſi égales : Et
partant dans le triangle H B K la ligne H X fera égale à X B, & H S à S K ; &
les deux triangles H K A, Q X V feront ſemblables ; & H K fera à A K, comme
Q X à V X ; & en permutant H K fera à Q X comme A K à V X, ou à ſon égale
L M. Ce qu'il faut remarquer.

De plus, G F eſtant à F B comme Z M à M B, c'eſt à dire, comme L K à
K M, ou comme E H à H F ; & E I eſtant à I F comme G F à F B, il s'enſuit
que E H eſt à H F comme E I à I F : Et partant la ligne I H eſt moyenne Harmonique entre les deux E I & I F.

Davantage, comme G F eſt à F B, ainſi Z M à M B, c'eſt à dire, L K à K M ;
ou prenant leurs doubles, comme A K à K B, il s'enſuit que A K eſt à K B, comme
G F à F B ; & partant que la ligne F K eſt parallele à A E ; & par conſequent les
triangles G P E, K H F feront ſemblables, & leurs baſes P E, H F eſtant égales,
les coſtez G P & H K feront égaux, auſſi-bien que E G & F K ; & A E fera à
E G, comme à K F, c'eſt à dire, comme E I à I F, ou G F à F B, ou E H à
H F.

Voilà donc trois lignes A G, B G, & E F, diviſées en raiſons égales aux points
E, F, & H : elles feront donc par la 41. du 3. des Coniques d'Apollonius, trois
contingentes aux points A, B, & H, d'une meſme Parabole.

Or pour faire voir que la Parabole, dont les diametres font O Z & O R, eſt
celle que ces trois lignes touchent aux trois points ſuſdits, je raiſonne en cette ſorte.
La ligne O R eſtant troiſiéme proportionnelle Géometrique aux deux O Z & A Z, le
rectangle Z O R fera égal au quarré A Z ou B Z ; & partant les deux points A & B
feront dans la Parabole.

Mais pour montrer que le point H y eſt auſſi, je fais ainſi. La ligne F K eſtant
parallele à A E dans le triangle A I E, A I fera à I K, comme E I à I F, c'eſt
à dire, dans le triangle E I L, comme L I à I M ; & en diviſant & permutant A K
fera à L M, comme K I à I M, c'eſt à dire, (dans le triangle H I K) comme K H
eſt à F M. Mais nous avons fait remarquer cy-deſſus que H K eſtoit à Q X,
comme la meſme A K à L M : Donc la ligne H K aura meſme raiſon aux deux
lignes Q X & F M ; & partant elles feront égales : & oſtant F X commun, les
reſtes Q F & X M, ou V L, feront égaux ; & par conſequent E V aura meſme
raiſon à Q F & à V L. Mais E V eſt à Q F, comme E H eſt à H F, ou L K à
K M, ou A L à L Z : Donc E V fera à V L, comme A L à L Z ; & en changeant
& compoſant V L fera à E L, comme L Z à A Z, ou comme le rectangle Z L A
au rectangle Z A L (en prenant A L pour commune hauteur.) Mais E L eſt à
G Z, comme A L à A Z, c'eſt à dire, (en prenant A Z pour commune hauteur)
comme le rectangle Z A L au quarré A Z : Donc par égalité V L fera à G Z, comme le rectangle Z L A, ou ſon égal L K M, au quarré A Z ou B Z ; & le double
de V L, c'eſt à dire, H K à G Z, comme le double du rectangle L K M, c'eſt à
dire, L K B au quarré B Z ; & H K à la moitié de G Z, c'eſt à dire, O Z, comme
le double du rectangle L K B, c'eſt à dire, le rectangle A K B au quarré B Z. Mais
H K eſt parallele au diametre O Z : Donc le point H fera dans la Parabole, dont
les diametres font O Z & O R.

Il eſt notoire que le ſommet eſtant O, où G Z eſt diviſée en deux également,
les deux lignes A G & B G toucheront la meſme Parabole en A & B. Et pour
démontrer qu'elle touchera auſſi E F en H, je raiſonne en cette maniére, aprés
avoir tiré la ligne H N parallele à A B, laquelle fera par conſequent ordonnée au
diametre O Z. Parce que F K eſt parallele à A E, E I eſt à I F comme A I à I K, &
comme E H à H F, c'eſt à dire, L K ou Z M à K M ; A I fera donc à I K
comme Z M à K M ; & en diviſant A K à I K comme K Z à K M : Et partant
le rectangle des moyennes I K Z fera égal au rectangle des extrêmes A K M ; &
deux fois le rectangle I K Z égal au rectangle A K B ; & ajouſtant le quarré Z K,

T

deux rectangles I K Z avec le quarré Z K, (c'est à dire, le rectangle I K Z avec
le rectangle I Z K) égaux au rectangle A K B avec le quarré Z K, (c'est à dire, au
quarré B Z :) & partant le rectangle I K Z fera égal au quarré B Z, moins le rectangle I Z K ; & le rectangle I Z K aura mesme raison au rectangle I K Z qu'au
quarré B Z, moins le rectangle I Z K. Mais le rectangle I Z K est au rectangle
I K Z comme I Z à I K, c'est à dire, comme P Z à H K: Donc le rectangle I Z K
fera au quarré B Z, moins le rectangle I Z K, comme P Z est à H K. Mais il
a esté démontré cy-dessus, que P G estoit égale à H K ; donc P Z fera à P G
comme le rectangle I Z K est au quarré B Z, moins le rectangle I Z K ; & en
changeant & composant G Z fera à P Z, comme le quarré B Z au rectangle I Z K.
Mais P Z est à P N, comme I Z à H N ou Z K, c'est à dire, comme le rectangle
I Z K au quarré K Z, ou H N: Donc par égalité G Z fera à P N, comme le quarré B Z est au quarré N H. Mais parce que N H est parallele à A B, & ordonnée à
G Z, le quarré B Z est au quarré N H comme la ligne Z O à O N ; il s'ensuit
que G Z fera à P N comme Z O à O N ; & en permutant G Z à Z O, comme
P N à N O ; mais G Z est double de O Z: donc P N fera aussi double de N O ;
& par conséquent la ligne E F touchera la Parabole susdite au point H. Ce qu'il falloit démontrer.

Second Cas du neuviéme Probleme.

Figure
I I I. de
la IV.
Planche.
S I les pieds droits A C & B D estans en surplomb, se rencontrent de la part de
A & B au point G, (comme en la 3. Fig. de la 4. Planche,) & que la ligne E F, qui
détermine la hauteur de l'arc à décrire estant prolongée, rencontre aussi la ligne de la
rampe A B, comme en I, en telle sorte que la raison de la ligne E I à I F soit moindre que celle de la ligne G F à F B.

Aprés avoir divisé la ligne A B en deux également en Z, & mené indéfiniment la
ligne G Z, il faut trouver I H moyenne proportionnelle Harmonique entre les deux
E I & I F ; & aprés avoir mené les lignes H B & H A, il en faut diviser l'une comme H B en deux également en X, & mener F X, qui rencontrera G Z continüée de
la part de Z, comme en Y, ainsi qu'il se verra cy-dessous, d'où il faut mener la ligne
E Y.

Je dis que la section qui touchera les deux lignes A C & B D en A & B, & la
ligne E F, fera une Ellipse, dont Y fera le centre, & le point H celuy où elle touchera la ligne E F. Et que si l'on mene indéfiniment la ligne H Y, sur laquelle on
prenne Y T égale à Y H, & qu'aprés avoir tiré la ligne N Y M par le point Y
parallele à E F, sur laquelle des points A & B tombent les lignes A δ & B P paralleles à H Y, l'on prenne ε Y moyenne proportionnelle Géometrique entre les deux
N Y & Y δ, & que l'on fasse Y β égale à Y ε ; les deux droites H T, & ε β feront
les diametres de mesme conjugaison de la susdite Ellipse.

Pour la démonstration, il faut premiérement mener des points E, H, & F sur la
ligne A B, les lignes E μ, H φ, & F ɴ paralleles à G Z, & raisonner en cette maniére. La ligne E μ est à F ɴ en raison composée des raisons de E μ à A μ, (c'est à
dire, G Z à A Z) A μ à B ɴ, & B ɴ à F ɴ (c'est à dire, B Z ou A Z à G Z:) Mais
les raisons de G Z à A Z, & A Z à G Z se détruisent, & par conséquent E μ fera à
F ɴ, comme A μ à B ɴ. De plus, parce que la ligne H I est moyenne Harmonique
entre les deux E I & I F, comme E I est à I F, ainsi E H est à H F, c'est à dire,
μ φ à φ ɴ, & comme E I à I F ; ainsi E μ à F ɴ, c'est à dire, A μ à B ɴ ; donc μ φ
est à φ ɴ, comme A μ à B ɴ ; & en composant A φ à φ B, comme A μ à B ɴ, c'est
à dire, comme E I à I F. Mais la raison de E I à I F est par l'Hypothese moindre
que celle de G F à F B, c'est à dire, Z ɴ à B ɴ: Donc la raison de A φ à φ B fera moindre que celle de Z ɴ à B ɴ, & en composant & permutant la raison A B à Z B
moindre que celle de φ B à B ɴ ; mais A B est double de Z B: Donc φ B fera plus
grande

grande que le double de B *n*, & partant φ *n* plus grande que B *n*; & dans le triangle H φ B, la ligne H *τ* fera plus grande que B *τ*; mais B X eft égale à H X : donc
la ligne B X fera plus grande que la mefme B *τ*, & l'angle B F X plus grand que
l'angle B F *τ*, c'eft à dire, B G Z; Et partant la ligne F X eftant continüée, rencontrera la ligne G Z continüée de la part de Z comme au point Y.

Maintenant, aprés avoir mené par le point Y la ligne K Y Q parallele à A B,
& tiré du mefme point les deux lignes Y *r* & Y *λ* perpendiculaires aux deux B D,
A C, je dis que la ligne K Q eftant parallele à A B, elle fera divifée en Y comme
A B l'eft en Z, c'eft à dire, en deux également : Et partant les deux triangles G Y K,
G Y Q feront égaux ; & par confequent ils auront leurs coftez en raifon récipro-
que de leurs hauteurs, c'eft à dire, que le cofté K G du triangle G K Y fera au
cofté Q G du triangle G Q Y, comme la ligne Y *r* hauteur du triangle G Q Y à
la ligne Y *λ* hauteur du triangle G K Y : Mais comme K G eft à Q G, ainfi A G
eft à B G : Donc A G fera à B G comme Y *r* à Y *λ*.

De plus, aprés avoir mené les deux lignes A Y & B Y, dautant que les deux
triangles A Y E, B Y F font entre eux en raifon compofée de leurs coftez & de
leurs hauteurs, la raifon du triangle A Y E au triangle B Y F fera compofée des
raifons des lignes A E à B F, & Y *λ* à Y *r*, c'eft à dire, B G à A G. Mais la raifon de A E à B F eft encore compofée de celle des lignes A E à E *μ* (c'eft à dire, A G à G Z) E *μ* à F *n*, & F *n* à B F, (c'eft à dire, G Z à G B ;) la raifon
donc du triangle A Y E au triangle B Y F fera compofée des raifons de A G à G Z,
E *μ* à F *n*, G Z à G B, & G B à A G ; mais les raifons de A G à G Z, G Z à G B,
& G B à A G fe détruifent. Il ne refte donc plus que la raifon de E *μ* à F *n* qui
foit égale à celle du triangle A Y E au triangle B Y F. Mais comme E *μ* eft à F *n*,
ainfi E I à I F, ou E H à H F, ou le triangle E Y H au triangle F Y H : Donc
le triangle A Y E fera au triangle B Y F, comme le triangle E Y H à H Y F ; &
en permutant, le triangle A Y E au triangle E Y H, comme le triangle B Y F au
triangle H Y F. Mais les deux triangles A Y E, E Y H ayans une bafe commune E Y, font entre eux comme les lignes A V & V H ; & les deux triangles B Y F,
H Y F ayans une bafe commune F Y, font auffi comme B X à X H, il s'enfuit
que A V eft à V H comme B X à X H. Mais B X eft égale à X H par la conftruction : Donc A V fera auffi égale à V H

Voilà donc trois lignes A B, A H, & B H qui font divifées également en deux
aux points Z, V, & X, par les lignes G Z, E V, & F X, qui partent des points G, E,
& F, où les lignes A C, B D, & E F fe rencontrent, & qui fe joignent toutes en
un mefme point Y, au deffous du point G vers Z. Et partant ce point Y fera le
centre d'une Ellipfe, qui touchera les trois lignes fufdites A C, B D, & E F, aux
points A, B, & H.

Il faut maintenant faire voir que les deux lignes H Y T, *є*Y *β* en font les diametres de mefme conjugaifon. Et pour cét effet, il faut continüer la ligne H Y T
de part & d'autre, jufqu'à ce qu'elle rencontre la ligne A C prolongée en *χ*, & B D
en *ζ*; puis du point E mener la ligne E *ς* parallele à A H, & qui coupe la ligne H Y prolongée en *ς*, d'où par le point V il en faut mener une autre *ς* V 3 qui
coupe la ligne A C en 3, & joindre les points Y & 3. Semblablement du point F
il faut mener F L parallele à B H, & qui coupe la mefme Y H prolongée en L,
d'où par le point X il faut tirer une ligne L X O, qui rencontre B D prolongée
en O, & joindre les points Y & O, & enfin tirer les lignes A *ψ* & B S paralleles
à E F, & continüer M N de part & d'autre, afin qu'elle coupe les lignes H B, H A
prolongées aux points 7 & 6, & tirer la ligne V X indéfiniment de part & d'autre, afin qu'elle coupe E I au point 9 & M N au point 8.

Cela fait, je raifonne en cette maniére. Dautant que L F eft parallele à B H, &
B X eft égale à H X, la ligne L F fera à H X, c'eft à dire, L Y à Y H, comme
la mefme L F à B X, c'eft à dire, comme L O à O X; & par converfion de rai-

V

40

fon L Y fera à L H comme L O à L X; Et partant dans le triangle L Y O, la bafe O Y fera parallele à la ligne H X ou L F: Donc au triangle Y ζ O, la ligne Y O fera à L F comme ζ Y à ζ L; & aux triangles femblables Y X O, L X F,
la mefme Y O fera à la mefme L F comme Y X à X F, ou comme Y H à H L:
Et partant ζ Y fera à ζ L comme Y H à H L; & en permutant, ζ Y à H Y comme ζ L à H L; Mais ζ Y eft à H Y comme ζ M à M F, & ζ L à H L comme ζ F à F B: Donc ζ M eft à M F comme ζ F à F B; & en permutant, & par
converfion de raifon ζ M eft à M F comme M F à M B. Mais comme ζ M eft
à M F, ainfi ζ Y eft à H Y, & M F eft à M B, ainfi H Y à Y S: Donc ζ Y eft
à H Y comme H Y à Y S, c'eft à dire, que H Y eft moyenne Géometrique entre les deux ζ Y & Y S: Mais la ligne Y T eft égale à Y H par la conftruction;
Et partant la toute ζ T eft divifée Harmoniquement aux points H & S, & la ligne ζ S eft moyenne Harmonique entre les deux ζ T & ζ H, & la ligne ζ Y moyenne Arithmetique entre les mefmes.

Par mefme raifonnement, & par le moyen de la la ligne E ς nous démontrerons
que la ligne H Y eft auffi moyenne Géometrique entre les deux χ Y & Y ψ: &
que la toute T χ eft auffi divifée Harmoniquement aux points H & ψ, en forte
que la ligne χ ψ eft moyenne Harmonique entre les deux T χ & H χ, & la ligne χ Y moyenne Arithmetique entre les mefmes.

D'où il appert que les rectangles χ Y ψ & ζ Y S eftans chacun égal au quarré H Y, ils feront auffi égaux entre eux, & ils auront l'un & l'autre mefme raifon au quarré ε Y, ou fon égal Y β. Mais la raifon du rectangle χ Y ψ au quarré ε Y,
ou fon égal N Y ♌, eft compofée des raifons des lignes χ Y à N Y (c'eft à dire, A ♌
à N ♌) & de Y ψ, ou fon égale A ♪ à Y ♪, lefquelles font enfemble la raifon du
quarré A ♪ au rectangle N ♪ Y: Donc le rectangle χ Y ψ, ou le quarré H Y fera
au quarré ε Y, comme le quarré A ♪ au rectangle N ♪ Y: Or eft-il que le rectangle N ♪ Y eft égal au rectangle ε ♪ β, comme il a efté tant de fois démontré cy-
deffus: Et partant le quarré A ♪ fera au rectangle ε ♌ β comme le quarré H Y au
quarré ε Y, ou prenant leurs quadruples, comme le quarré du diametre H T au
quarré du diametre ε β. Mais la ligne A ♌ eftant parallele au diametre H Y, eft ordonnée à l'autre diametre ε β: Donc le point A fera dans l'Ellipfe, dont les deux
lignes H T, & ε β font les diametres de mefme conjugaifon.

Il eft notoire que le point H eftant au bout d'un defdits diametres, il eft auffi
dans la mefme Ellipfe. Mais pour prouver que le point B s'y trouve pareillement,
il faut difcourir en cette maniére. Le rectangle ζ Y S eft au rectangle M Y P en
raifon compofée des raifons de ζ Y à Y M, c'eft à dire, B P à P M, & de Y S, ou
fon égale B P à Y P, lefquelles compofent la raifon du quarré B P au rectangle M P Y: Et partant le rectangle ζ Y S, ou fon égal le quarré H Y fera au rectangle M Y P, ou fon égal le quarré Y β, ou Y ε (comme nous le démontrerons cy-
deffous) comme le quarré B P eft au rectangle M P Y, ou à fon égal β P ε (comme nous le démontrerons auffi cy-deffous,) c'eft à dire, que le quarré B P fera au
rectangle β P ε comme le quarré H Y au quarré Y ε; ou prenant leurs quadruples,
comme le quarré T H au quarré ε β: Mais B P eftant parallele au diametre T H,
eft ordonnée à l'autre diametre ε β: Et partant le point B eft dans l'Ellipfe, dont
les lignes H T & ε β font diametres de mefme conjugaifon.

Je dis de plus que cette Ellipfe touchera les lignes A C, B D, & E F aux mefmes
points A, B, & H: ce qui eft premiérement conftant par la 6. du 2. des Coniques
au regard de la ligne E F, qui eft menée au bout H du diametre T H parallele à
l'autre diametre ε β. Mais pour les deux autres, il faut raifonner en cette forte. Dautant que la ligne B S eft parallele à ε β, elle fera ordonnée à T H; mais elle divi-
fe la ligne T ζ de telle forte en S, que la ligne ζ S foit moyenne Harmonique entre les deux ζ T & ζ H. Il s'enfuit par la 34. du 1. des Coniques, que la ligne B D
touchera en B la fufdite Ellipfe.

De

De plus, par la mefme propofition, il appert que la ligne A C la touche en A, parce que l'ordonnée A ψ coupe T χ en ψ, de telle forte que χ ψ foit moyenne Harmonique entre les deux χ T & χ H.

Nous avons donc trouvé le point Y pour centre, & les deux lignes H T & ε β pour diametres de mefme conjugaifon d'une Ellipfe, laquelle touche les trois lignes A C, B D, & E F aux points A, B, & H. Ce qu'il falloit faire.

Il ne refte plus qu'à démontrer (comme nous l'avons promis) que le rectangle M Y P eft égal au quarré Y β ou Y ε, c'eft à dire, au rectangle N Y л, & le rectangle M P Y égal au rectangle ε P β; ce qui fe fait en cette maniére, aprés avoir fait I θ égale à I F. Puifque A V eft égale à V H, comme B X égale à X H; la ligne V X 9 fera parallele à A B, & H 9 égale à I 9. Et puis que E H eft à H F comme E I à I F, en compofant, & permutant, E θ fera à E F comme I F à H F. Mais comme I F à H F, ainfi E I à E H: Donc E θ fera à E F, comme E I à E H; & en divifant, prenant la moitié des antecedens, compofant, & par converfion de raifon , E I fera à I F, c'eft à dire, E H à H F comme E 9 à H 9; & en permutant, changeant, & par converfion de raifon E 9 fera à H 9 comme H 9 à F 9.

Or dans les triangles femblables H X 9 & 7 X 8, comme H 9 eft à F 9, ainfi 7 8 eft à Y 8 : Et dans les triangles femblables E V 9, Y V 8, comme E 9 eft à H 9, ainfi Y 8 eft à 6 8: Donc 7 8 fera à Y 8 comme Y 8 à 8 6, & en la mefme raifon de E 9 à H 9. Mais comme E 9 à H 9, ainfi E H à H F, c'eft à dire, 2 Y à Y R; & comme 7 8 à Y 8, ainfi 7 Y à Y 6: Donc 7 Y eft à Y 6 comme 2 Y eft à Y R ; & le rectangle des extrêmes 7 Y R eft égal au rectangle des moyennes 6 Y 2.

De plus, parce que ζ Y eft à H Y comme H Y à S Y, par converfion de raifon ζ Y fera à ζ H comme H Y à H S: Mais comme ζ Y eft à ζ H, ainfi M Y eft à H F, ou Y R; & comme H Y à H S, ainfi 7 Y eft à B S ou Y P: Donc M Y fera à Y R comme 7 Y à Y P; & le rectangle des moyennes 7 Y R eft égal à celuy des extrêmes M Y P.

Par le mefme raifonnement nous ferons voir que le rectangle 6 Y 2 eft égal au rectangle N Y л. Et partant le rectangle 7 Y R eft au rectangle M Y P comme 6 Y 2 à N Y л; & en permutant 7 Y R eftant égal à 6 Y 2, le rectangle M Y P fera auffi égal au rectangle N Y л, c'eft à dire, par la conftruction , au quarré ε Y ou β Y. Et partant fi de l'un & de l'autre on ofte le commun quarré Y P , le rectangle M P Y demeurera égal au rectangle ε P β. Qui eft ce qu'il falloit démontrer.

Le cercle pourroit réfoudre ce Cas de ce Probleme , ainfi que nous avons dit cy-deffus du 8ᵉ, fi les deux lignes A G & B G fe trouvant égales auffi-bien que les trois A Y, B Y, & H Y ; ces trois lignes fe trouvoient encore perpendiculaires aux trois A C, B D, & E F, chacune à la fienne.

Troifiéme Cas du neuviéme Probleme.

Enfin, fi les pieds droits A C & B D eftans en furplomb, fe rencontrent, eftans prolongez de la part de A & B, au point G (comme en la 4. Figure de la 4. Planche) & que la ligne E F, qui détermine la hauteur de l'Arc à décrire , rencontre auffi la ligne de la rampe A B, comme en I, de telle forte que la raifon de la ligne E I à I F foit plus grande que celle de F G à F B. Aprés avoir divifé la ligne A B en deux également en Z, & mené la ligne G Z indéfiniment de la part de G; il faut trouver I H moyenne proportionnelle Harmonique entre les deux E I & I F; & aprés avoir mené les lignes H B, H A, il en faut divifer l'une, comme H B, en deux également en X, & mener F X indéfiniment de la part de F , qui rencontrera G Z au deffus du point G comme en Y (ainfi qu'il fe verra cy-deffous) d'où il faut mener Y E V.

Figure
I V. de
la I V.
Planche.

Je dis que la ſection qui touchera les deux lignes A C & B D aux points A & B, & la ligne E F; ſera une Hyperbole, dont le centre ſera au point Y; & le point H celuy où elle touchera la ligne E F; & que ſi l'on mene indéfiniment la ligne H Y, ſur laquelle on prenne Y T égale à Y H; & qu'aprés avoir tiré par le point Y la ligne M N parallele à E F, ſur laquelle des points A & B tombent les lignes A л & B P paralleles à H Y; l'on prenne ε Y moyenne proportionnelle Géometrique entre les deux N Y & Y л, & que l'on faſſe Y β égale à ε Y: les deux droites H T & ε β feront les diametres de meſme conjugaiſon de la ſuſdite Hyperbole.

La démonſtration s'en fait en la meſme maniére, & preſque aux meſmes termes que celle de la précedente propoſition pour l'Ellipſe; & pour ce ſujet, il faut premiérement mener des points E, H, & F ſur la ligne A B les lignes E μ, H φ, & F η paralleles à G Z, & argumenter en cette ſorte. La ligne E μ eſt à F η en raiſon compoſée de celles de E μ à A μ, (ou G Z à A Z,) A μ à B η, & B η à F η, (ou B Z, ou A Z à G Z.) Mais la raiſon de G Z à A Z détruit celle de A Z à G Z; & partant la raiſon de E μ à F η ſera égale à celle de A μ à B η. De plus, parce que I H eſt moyenne Harmonique entre les deux E I & I F; la ligne E H ſera à H F, ou μ φ à φ η, comme E I à I F, ou E μ à F η, ou A μ à B η: Donc A μ ſera à B η comme μ φ à φ η; & la toute A φ à la toute φ B comme la partie μ φ à la partie φ η, c'eſt à dire comme E I à I F. Mais la raiſon de E I à I F eſt par l'hypotheſe plus grande que celle de G F à F B, ou Z η à B η: Donc la raiſon de A φ à B φ ſera plus grande que celle de Z η à B η; & en compoſant & permutant, celle de A B à Z B plus grande que celle de φ B à B η. Mais A B eſt double de Z B: Donc φ B ſera moindre que double de B η; c'eſt à dire, que φ η ſera moindre que η B; & dans le triangle H φ B, H τ ſera moindre que τ B; & partant τ B plus grande que B X, & l'angle B F τ, ou B G Z plus grand que l'angle B F X, ou G F Y: Et partant la ligne X F rencontrera la ligne Z G continüée au deſſus de G, comme au point Y.

Maintenant, aprés avoir mené par le point Y la ligne K Y Q parallele à A B, & tiré du meſme point les deux lignes Y ν & Y λ perpendiculaires aux deux lignes A C G, & B D G prolongées; je dis que la ligne K Q eſtant parallele à A B, elle ſera diviſée en Y en la meſme raiſon que A B l'eſt en Z, c'eſt à dire en deux également: Et partant les triangles G Y K, G Y Q feront égaux; & ils auront par conſequent les coſtez reciproques de leurs hauteurs, c'eſt à dire, que le coſté G K du triangle G K Y ſera au coſté G Q du triangle G Q Y, comme Y ν hauteur de G Q Y à Y λ hauteur de G K Y; Mais comme K G eſt à G Q, ainſi A G eſt à G B: Donc A G eſt à G B comme Y ν eſt à Y λ.

De plus, aprés avoir mené les deux lignes A Y & B Y; dautant que les deux triangles A Y E, B Y F ſont entre eux en raiſon compoſée de celles de leurs coſtez, & de leurs hauteurs; le triangle A Y E ſera à B Y F en raiſon compoſée du coſté A E au coſté B F, & de la hauteur Y λ à la hauteur Y ν, c'eſt à dire, de la ligne B G à A G. Mais la raiſon de A E à B F eſt encore compoſée de celles de A E à E μ, (ou A G à G Z,) E μ à F η, & F η à F B, (ou G Z à G B:) Donc la raiſon du triangle A E Y au triangle B F Y ſera compoſée de celles de A G à G Z, E μ à F η, G Z à G B, & G B à A G. Mais les raiſons de A G à G Z, G Z à G B, & G B à A G ſe détruiſent: Donc le triangle A E Y ſera à B F Y comme la ligne E μ eſt à F η, ou comme E I à I F, ou E H à H F, ou enfin comme le triangle E Y H au triangle F Y H; & en permutant le triangle A E Y ſera au triangle H E Y comme le triangle B F Y au triangle F Y H. Mais parce que les deux triangles A ν Y, ν H Y ſont entre eux comme A ν eſt à ν H, auſſi-bien que les deux triangles A E ν, E ν H, les reſtes, ſçavoir les triangles A E Y, E H Y ſeront auſſi entre eux comme A ν eſt à ν H. Par meſme raiſon nous montrerons que le triangle B F Y eſt au triangle F H Y comme B X eſt à X H: Donc A ν

fera

fera à V H comme B X eſt à X H ; mais celles-cy ſont égales par la conſtruction, & partant A V ſera auſſi égale à V H.

Voilà donc trois lignes A B, A H, & B H, qui ſont diviſées en deux également aux points Z, V, & X par les lignes G Z, E V, F X, qui partant des points G, E, & F, où les lignes A C, B D, & E F ſe rencontrent, ſe joignent toutes au deſſus de G en un meſme point Y : Donc le point Y ſera le centre d'une Hyperbole qui touchera les ſuſdites trois lignes A C, B D, & E F aux points A, B, & H.

Il faut maintenant faire voir que les deux lignes H T & ε β en ſont les diametres de meſme conjugaiſon. Et pour ce ſujet il faut continüer la ligne Y H, qui rencontrera A C prolongée au point χ, & B D en ζ ; puis du point F mener F L parallele à B H, & qui coupe Y H en L, par où du point X il faut mener la ligne X L, & la continüer juſqu'à ce qu'elle coupe B G prolongée en O, & joindre les points Y & O. En la meſme maniére du point E il faut mener E ſ, parallele à A H, qui rencontre Y H en ſ, par où du point V il faut tirer la ligne V ſ, & la continüer juſqu'à ce qu'elle rencontre A G continüée au point 3, & joindre Y & 3 ; & enfin mener A ψ, & B S paralleles à E F ou M N, & continüer M N de part & d'autre juſqu'à ce qu'elle coupe les lignes A H, B H prolongées aux points 6 & 7, & tirer la ligne V X, en ſorte qu'elle coupe E I au point 9, & M N au point 8.

Cela fait, je raiſonne en cette maniére. Parce que H X eſt égale à B X, la ligne L F aura meſme raiſon à l'une & l'autre ; c'eſt à dire, qu'au triangle H Y X, la ligne L F ſera à H X comme L Y à Y H ; & au triangle X O B, L F ſera à B X comme L O à O X ; & partant L Y ſera à Y H comme L O à O X ; & en diviſant & permutant, L Y à L O comme L H à L X : Donc les triangles O L Y, H L X ſeront ſemblables, & la baſe O Y parallele à H X ou L F. Et par conſéquent aux triangles ſemblables O ζ Y, L ζ F, la ligne O Y eſt à L F comme Y ζ à ζ L ; & dans les triangles ſemblables O X Y, L X F, la meſme O Y eſt à la meſme L F comme O X à X L ; & partant ζ Y eſt à ζ L comme O X à X L, c'eſt à dire, comme Y H à H L ; & en permutant, ζ Y eſt à Y H comme ζ L à H L ; Mais comme ζ Y à Y H, ainſi ζ M à M F, & comme ζ L à H L, ainſi ζ F à F B : Donc ζ M eſt à M F comme ζ F à F B ; & en permutant, changeant, compoſant, & changeant ζ M ſera à M F, (c'eſt à dire, ζ Y à Y H,) comme M F à M B, c'eſt à dire, Y H à Y S. Voilà donc la ligne Y H moyenne Géometrique entre les deux ζ Y & Y S ; mais la ligne Y T a eſté priſe égale à la meſme Y H : Donc la toute T S ſera diviſée Harmoniquement aux points H & ζ ; & la ligne ζ S ſera moyenne Harmonique entre les deux T S & S H ; & S Y moyenne Arithmetique entre les meſmes.

Par meſme raiſonnement, & par le moyen de la ligne E ſ nous démontrerons que la meſme Y H ſera auſſi moyenne Géometrique entre les deux χ Y & ψ Y ; & que la toute T ψ eſt diviſée Harmoniquement aux deux points H & χ, & la ligne ψ χ moyenne Harmonique entre les deux T ψ & ψ H ; & ψ Y moyenne Arithmetique entre les meſmes.

D'où il appert que les rectangles χ Y ψ & ζ Y S eſtans chacun égal au quarré H Y, ils ſeront auſſi égaux entre eux ; & le quarré H Y ſera au quarré ε Y, ou à ſon égal le rectangle N Y A, comme le rectangle χ Y ψ au meſme rectangle N Y A. Mais la raiſon du rectangle χ Y ψ au rectangle N Y A eſt compoſée de celles des lignes χ Y à N Y, c'eſt à dire, χ ψ à A ψ, & ψ Y à Y A, ou à ſon égale A ψ ; qui compoſent la raiſon du rectangle χ Y ψ au quarré A ψ : Donc le quarré Y H ſera au quarré ε Y, ou (prenant leurs quadruples,) le quarré du diametre T H ſera au quarré du diametre ε β, comme le rectangle χ ψ Y au quarré A ψ. Mais le rectangle χ ψ Y eſt égal au rectangle T ψ H (comme nous le démontrerons cy-deſſous.) Et partant le rectangle T ψ H eſt au quarré A ψ, comme le quarré T H au quarré ε β. Et comme la ligne A ψ eſt parallele à M N ou ε β, elle eſt ordonnée au diametre T H : Et partant le point A eſt dans l'Hyperbole dont T H & ε β ſont diametres de meſme conjugaiſon.   •

Y

Il est constant que le point H estant au bout d'un des diametres susdits, il est aussi dans la mesme Hyperbole. Mais pour prouver que le point B s'y trouve aussi, il faut discourir de cette sorte. Le rectangle ζ Y S est au rectangle M Y P, en raison composée de celles des lignes ζ Y à M Y, (ou ζ S à B S,) & Y S à Y P, ou B S; lesquelles composent aussi la raison du rectangle ζ S Y au quarré B S: Et partant le rectangle ζ Y S, ou son égal le quarré Y H sera au rectangle M Y P, ou son égal le quarré ε Y (comme nous le démontrerons cy-dessous,) comme le rectangle ζ S Y au quarré B S. Mais nous ferons aussi voir cy-dessous, que le rectangle ζ S Y est égal au rectangle T S H; Et partant comme le quarré Y H au quarré ε Y, ou (prenant leurs quadruples,) comme le quarré du diametre T H au quarré du diametre ε β, ainsi est le rectangle T S H au quarré B S: Mais la mesme B S estant parallele à ε β, est ordonnée à T H : Donc le point B est aussi dans l'Hyperbole, dont les deux droites T H & ε β sont diametres de mesme conjugaison.

Je dis de plus, que cette Hyperbole touchera les lignes A C, B D, & E F aux points A, B, & H. Ce qui est premiérement constant pour le point H, par la 6. du 2. des Coniques, la ligne E F estant menée au bout d'un des diametres H T, & parallele à l'autre ε β. Mais pour les deux autres points, je le démontre en cette maniére.

Dautant que la ligne A ψ ordonnée au diametre T H, le coupe en ψ de telle sorte que χ ψ soit moyenne Harmonique entre les deux T ψ & H ψ; la ligne A C χ touchera la susdite Hyperbole au point A par la 34. du 1. des Coniques d'Apollonius. Et par la mesme proposition, & le mesme raisonnement, la ligne B D ζ touchera la mesme Hyperbole au point B, d'où la ligne B S est ordonnée au diametre T H, & le coupe au point S, en telle sorte que la ligne ζ S soit moyenne Harmonique entre les deux T S & S H.

Nous avons donc trouvé le point Y pour centre, & les deux lignes T H, & ε β pour diametres de mesme conjugaison d'une Hyperbole, qui touchera les trois lignes A C, B D, & E F aux points A, B, & H. Ce qu'il falloit faire.

Il faut maintenant démontrer que le rectangle χ ψ Y est égal au rectangle T ψ H, ce qui se fait ainsi. Parce que ψ Y est à Y H, ou T Y, comme T Y à Y χ; en composant, & par conversion de raison T ψ sera à ψ Y comme χ T à T Y, ou H Y; & en permutant, & par conversion de raison T ψ sera à ψ χ comme ψ Y à ψ H : Et partant le rectangle des moyennes χ ψ Y sera égal à celuy des extrêmes T ψ H.

Par mesme raisonnement, on peut voir que le rectangle ζ S Y est aussi égal au rectangle T S H. De sorte qu'il ne reste plus qu'à montrer, que le rectangle M Y P est égal au quarré Y β, ou ε Y, c'est à dire, au rectangle N Y ∂. Ce qui se fait en cette maniére. Parce qu'il a esté démontré cy-dessus dans la précedente proposition, que la ligne E 9 estoit à H 9 comme H 9 est à F 9 ; & que dans les triangles semblables H X 9, 7 X 8, la ligne H 9 est à F 9 comme 7 8 est à 8 Y ; & dans les triangles semblables E V 9, Y V 8, la ligne E 9 est à H 9 comme 8 Y est à 8 6: Il s'ensuit que 7 8 est à 8 Y comme 8 Y est à 8 6, & en la mesme raison de E 9 à H 9, c'est à dire, de E H à H F, ou de 2 Y à Y R. Mais comme 7 8 est à 8 Y, ainsi 7 Y à Y 6: Donc 7 Y sera à Y 6 comme 2 Y à Y R; & le rectangle des extrêmes 7 Y R sera égal à celuy des moyennes 6 Y 2.

Maintenant, comme ζ Y est à H Y, ainsi H Y à Y S; en divisant ζ Y sera à ζ H comme H Y à H S. Mais comme ζ Y à ζ H, ainsi M Y à F H, ou son égale Y R; & comme H Y à H S, ainsi 7 Y à B S, ou son égale Y P: Donc M Y sera à Y R comme 7 Y à Y P; & le rectangle des moyennes 7 Y R sera égal à celuy des extrêmes M Y P.

Par mesme discours on fera voir que le rectangle 6 Y 2 sera égal au rectangle N Y ∂. Et partant le rectangle 7 Y R est à M Y P comme 6 Y 2 à N Y ∂; & en permutant comme le rectangle 7 Y R est égal au rectangle 6 Y 2, ainsi M Y P sera égal à N Y ∂, ou au quarré ε Y, ou β Y. Ce qu'il falloit démontrer.

TROISIÈME

TROISIÉME OBSERVATION.

DANS les neuf Problemes cy-deſſus, la difficulté de la préparation dont nous avons parlé au commencement de ces Diſcours eſt compriſe, & de ce qu'il faut faire avant que l'on puiſſe ſe ſervir du Probleme de Pappus; c'eſt à dire, de trouver les diametres de meſme conjugaiſon de la ſection qui doit toucher les lignes des pieds droits aux points donnez.

Mais parce que, ſans parler de la ligne qui détermine la hauteur, on pourroit propoſer un Arc à décrire, qui paſſant par un point donné, toucheroit deux pieds droits en deux autres points auſſi donnez; & qu'en ce cas les Ouvriers ſe pourroient trouver embarraſſez, qui ne ſçauroient pas que l'on puſt facilement, par ce point donné, mener cette ligne que nous avons ſuppoſée dans les propoſitions cydeſſus, pour déterminer la hauteur de l'Arc à décrire, & avec cét avantage, que ce ſera en ce meſme point que ſe fera l'attouchement de l'Arc & de la Ligne ſuſdite.

Il m'a ſemblé à propos de le faire voir, & d'en donner les pratiques dans ce Diſcours, par une propoſition univerſelle, en cette ſorte.

PROBLEME.

Ayant à décrire un Arc rampant par un point donné, & entre deux pieds droits, qu'il touche en deux autres points auſſi donnez. Trouver la ligne droite, qui détermine la hauteur de l'Arc; c'eſt à dire, la ligne qui doive toucher l'Arc au ſuſdit premier point donné.

LES deux pieds droits (dans les 9. Figures de la 5. Planche) ſoient A C, & B D, *Fig. IX.* parallels, ou non parallels, & le point donné H, par lequel il faut décrire un Arc *de la V.* rampant, qui touche A C en A, & B D en B. Qu'il faille trouver la ligne E H F, *Planche.* qui détermine la hauteur de cét Arc, en ſorte qu'il la touche au meſme point H.

Aprés avoir tiré la ligne de la rampe A B, & continüé les pieds droits A C & B D, en ſorte qu'ils ſe rencontrent au point G, s'ils ne ſont point parallels; il faut de l'un des points A ou B, par le point H, tirer une droite comme B H, & alors.

PREMIÉRE PROPOSITION.

SI les pieds drois ſont parallels (comme aux Figures 1. & 2. de la 5. Planche) la *Figures* ligne B H rencontrera l'autre pied droit A C prolongé au point K; auquel cas il *I. I I.* faut diviſer la ligne A K en deux également en E, & mener par le point H la *de la V.* droite E H F, qui ſera celle que l'on cherche; parce que, ou elle ſera parallele à la *Planche.* rampe A B, (comme en la 1. Figure) ou elle la rencontrera, eſtant prolongée comme en I, (en la 2. Figure.)

Premier Cas.

Puis que dans le triangle A K B (Figure 1. de la 5. Planche) la ligne E H a eſté *Figure I.* menée parallele à la baſe A B, le coſté A K ſera à K E comme A B eſt à E H; *de la V.* *Planche.*

Z

Mais A K a efté faite double de K E; & partant la ligne A B, ou fon égale E F, fera auffi double de la mefme E H; & la fection, qui paffant fur le point H, touchera les deux lignes droites A C, & B D aux points A & B; touchera auffi la ligne E F au mefme point H; & cecy tombe dans la folution du 4. Probleme cy-deffus.

Second Cas.

Fig. II.
de la V.
Planche.
C'est à dire, lors que la ligne E F (Figure 2. de la 5. Planche) rencontre la ligne A B prolongée en I; parce que les deux lignes A E, & E K font égales, elles auront mefme raifon à la ligne B F; qui leur eftant paralleles , il s'enfuivra qu'aux triangles E K H, B H F, la ligne E K fera à B F, c'eft à dire, E H à H F, comme dans le triangle A I E, la ligne A E à la mefme B F, c'eft à dire, E I à I F: Et partant la ligne E I fe trouvera coupée Harmoniquement aux deux points H & F, & la ligne I H fera la moyenne Harmonique entre les deux extrêmes E I & I F: Et par confequent la fection, qui paffant par le point H, touchera les pieds droits A C en A, & B D en B, touchera auffi la ligne E F au mefme point H: Et cecy tombe dans la folution du 5. Probl.

SECONDE PROPOSITION.

Figures
III. IV.
de la V.
Planche.
Si les pieds droits eftans en talu, fe rencontrent en G au deffous de la rampe A B (Figures 3. & 4. de la 5. Planche;) & la ligne tirée du point B par H eft parallele à l'autre pied droit A C ; il ne faut que prendre fur G A prolongée une ligne A E égale à A G, & mener la ligne E H F, qui fera parallele à la rampe A B (comme en la 3. Figure,) ou bien elle la rencontrera, comme en I. (en la 4. Figure.)

Premier Cas.

Fig. III.
de la V.
Planche.
Au premier Cas (Figure 3. de la 5. Planche,) parce que dans le triangle E G F, la ligne A B eft fuppofée parallele à la bafe E F; la ligne G A fera à A E comme G B à B F; Et parce que dans le mefme triangle E F G, la ligne B H eft parallele à la bafe E G; la ligne G B fera à B F comme E H eft à H F; Et partant, par égalité, la ligne G A fera à A E comme E H à H F; mais G A eft égale à A E : Donc E F fera divifée en deux également en H; Et comme elle eft parallele à la rampe A B, la fection, qui paffant par le point H, touchera les pieds droits A C en A, & B D en B, touchera auffi la mefme E F en H. Et cecy tombe dans la folution du 6. Probl.

Second Cas.

Fig. IV.
de la V.
Planche.
Au fecond Cas, c'eft à dire, lors que la ligne E F eftant prolongée, rencontre la rampe A B, comme en I; (Figure 4. de la 5. Planche,) il faut difcourir en cette maniére, aprés avoir mené par le point E la ligne O E P parallele au cofté B D, & qui rencontre la rampe en O, & la ligne B H prolongée en P. Parce que les triangles A E O, A G B font femblables, à caufe des paralleles E O, & B G, & des angles au fommet A; ils feront auffi égaux, à caufe de l'égalité des coftez A E, & A G; & partant les autres coftez E O, & B G feront auffi égaux: Mais B G eft égale à E P, eftant paralleles, & entre paralleles: Donc E O fera égal à E P; & E O fera à B F, (c'eft à dire, dans le triangle E I O, la ligne E I à I F,) comme E P à la mefme B F, c'eft à dire, dans les triangles femblables E H P, B H F, comme la ligne E H à H F: Et partant la ligne E I fera divifée Harmoniquement aux deux points H & F, & la ligne I H fera moyenne Harmonique entre les deux extrêmes

mes E I & I F: Et par conſequent la ſection, qui paſſant par le point H, touchera les pieds droits A C en A, & B D en B, touchera auſſi la meſme E F au point H. Et cecy tombe dans la ſolution du 8. Probl.

TROISIÉME PROPOSITION.

SI les pieds droits eſtant en talu & ſe rencontrant en G au deſſous de la ram- *Fig. V.* pe A B, la ligne tirée du point B par le point donné H, coupe le coſté A C pro- *& VI.* longé en K; (Figures 5. & 6. de la 5. Planche,) il faut premiérement couper la li- *de la V.* gne A K en deux également au point L, par lequel il faut mener L M parallele *Planche.* à B K & égale à A L ou L K; & du point G par M tirer la droite G M juſ- qu'en N, où elle rencontrera la ligne B K prolongée; puis faire K E égale à K N, & du point E par H mener la ligne E H F, & raiſonner en cette maniére. Com- me au triangle K G N, la ligne L M eſt parallele à la baſe K N; la meſme L M ſera à K N, c'eſt à dire, A L à K E, comme G L à G K; & prenant les doubles des antecedens, A K ſera à K E comme A G & G K enſemble à G K; & en divi- ſant A E ſera à K E comme A G à G K; & en permutant, & changeant G K ſe- ra à K E comme A G à A E; & la toute G K ſera diviſée Harmoniquement aux deux points E & A, en ſorte que la ligne A K ſoit la moyenne proportionnelle Harmonique entre les deux extrêmes G K & K E.

Maintenant, ou la ligne tirée du point E par H, ſera parallele à la rampe A B, (comme en la 5. Figure,) ou elle la rencontrera, comme en I, (en la 6. Figure.)

Premier Cas.

AU premier Cas (Figure 5. de la 5. Planche:) Aprés avoir mené par le point E *Figure V.* la ligne O P parallele au pied droit B D, & rencontrant la rampe en O, & la li- *de la V.* gne B H prolongée en P; je dis que la ligne E P dans le triangle G K B, ayant eſté *Planche.* tirée parallele à la baſe G B, le coſté G K ſera à K E comme G B à E P; & dans les deux triangles ſemblables G A B, E A O, la ligne G A ſera à A E comme la meſme G B eſt à E O. Mais parce que G K eſt à K E comme G A eſt à A E; il s'enſuit que G B ſera à P E comme la meſme G B eſt à E O; & que les deux lignes E P & E O ou B F ſeront égales; & que dans les triangles ſemblables E H P, B H F, les deux coſtez E H & E F ſeront égaux; & la ligne E F ſera diviſée en deux également en H; & comme elle eſt parallele à la rampe A B, la Section qui paſſant par le point H, touchera les deux pieds droits A C & B D en A & B, touchera auſſi la ligne E F en H. Et cecy tombe dans la ſolution du 6. Probl.

Second Cas.

AU ſecond Cas (Figure 6. de la 5. Planche;) c'eſt à dire, lors que la ligne E F *Figure* rencontre la ligne A B prolongée comme en I: Aprés avoir comme deſſus mené la *VI. de* ligne O E P parallele au pied droit B D, & coupant les lignes A B en O, & B H *la V.* en P; je dis que dans le triangle G K B, la ligne E P ayant eſté menée parallele à *Planche.* la baſe G B; la ligne G K ſera à K E comme G B à E P; mais celle-cy eſt com- poſée des raiſons de G B à B F, & de B F à E P, c'eſt à dire, F H à H E: il s'en- ſuit que la raiſon de G K à K E ſera égale aux raiſons de G B à B F, & de F H à H E. De plus, les triangles G A B, E A O eſtant ſemblables, auſſi-bien que B I F, O I E; la ligne G A ſera à A E, comme G B eſt à E O, c'eſt à dire, en raiſon compoſée de G B à B F, & de B F à E O, c'eſt à dire, F I à E I. Mais il a eſté démontré que la raiſon de G K à K E eſtoit égale à celle de G A à A E: Donc la raiſon compoſée de G B à B F, & de F H à H E ſera égale à celle de la meſme G B à B F, & de F I à I E: oſtant donc la raiſon commune de G B à B F, la raiſon de FI à IE fera égale à celle de FH à HE; & la ligne IF fera divifée Harmoniquement aux deux points E & H, & la ligne IH fera la moyenne Harmonique entre les deux extrêmes IF & IE : Et par conféquent la Section, qui paffant par le point H touchera les deux pieds droits AC en A & BD en B, touchera auffi la ligne EF en H. Et cecy tombe dans la folution du 8. Probleme.

QVATRIÉME PROPOSITION.

Fig. VII.
VIII.
IX. de
la V.
Planche.

S I les pieds droits, eftant en furplomb, fe rencontrent au deffus de la rampe au point G (comme aux Figures 7. 8. & 9. de la 5. Planche;) il faudra du point B par H mener indéfiniment une droite BH, qui coupe l'autre pied droit AC en K; & aprés avoir divifé la ligne AK en deux également en L, & mené LM parallele à BH, & égale à AL; il faut joindre les deux points GM par une droite, qui coupe la mefme BH prolongée en N, & faire KE égale à KN; & par le point E tirer OP parallele à BD, & rencontrant les lignes AB & BH en O & P. Enfuite nous dirons que LM eftant parallele à KN, LG eft à GK comme LM eft à KN, c'eft à dire, AL à KE; & prenant les doubles des antecedens AG & GK enfemble feront à GK comme AK à KE; & en divifant AG à GK comme AE à EK; & en permutant AG eft à AE comme GK à EK: Et partant la ligne AG eft divifée Harmoniquement aux deux points E & K, & la ligne AK eft moyenne Harmonique entre les deux extrêmes AG & AE. Maintenant, fi l'on tire du point E par H une droite EF, elle fera parallele à la rampe AB, (comme en la 7. Figure,) où elle la rencontrera comme en I. aux 8. & 9. Figures.

Premier Cas.

Fig. VII.
de la V.
Planche.

A U premier Cas (Figure 7. de la 5. Planche.) Parce qu'aux triangles femblables GAB, EAO, la ligne GA eft à AE comme GB eft à EO; & aux triangles femblables GKB, EKP, la ligne GK eft à KE comme la mefme GB eft à EP; la raifon de GA à AE eftant égale à celle de GK à KE; il s'enfuit que la raifon de GB à EO fera auffi égale à celle de GB à EP, & que la ligne EO, ou fon égale FB fera égale à la ligne EP; & qu'aux triangles femblables EHP, FHB, les deux lignes EH & HF font égales, & la ligne EF divifée en deux également en H; & comme elle eft parallele à la rampe AB, la Section qui paffant par le point H, touchera les deux pieds droits AC en A & BD en B, touchera auffi la ligne EF en H. Et cecy tombe dans la folution du 7. Probl.

Second Cas.

Figures
VIII.
& IX.
de la V.
Planche.

A U fecond Cas, c'eft à dire, lors que la ligne EF coupe la rampe AB en I, foit de la part de A (comme en la 8. Figure,) ou de la part de B (comme en la 9. Figure de la 5. Planche;) je dis que la raifon de GA à AE eftant la mefme que celle de GB à EO; & celle-cy eftant compofée des raifons de GB à BF & de BF à EO, c'eft à dire, de IF à IE; la raifon de GA à AE fera compofée des raifons de GB à BF & IF à IE. De mefme la raifon de GK à KE eftant la mefme que celle de GB à EP, & celle-cy eftant égale aux deux raifons de GB à BF & BF à EP, c'eft à dire, FH à HE; la raifon de GK à KE fera compofée des raifons de GB à BF & de FH à HE: mais GA eft à AE comme GK à KE; Et partant la compofée de GB à BF & IF à IE, fera égale à la compofée de GB à BF, & FH à HE; & oftant la raifon commune de GB à BF, les deux autres IF à IE, & FH à HE feront égales, & la ligne FI (dans la 8. Figure) fera divifée Harmoniquement aux points E & H; & la ligne EI (dans la 9. Figure) aux

points

points F & H : Et en l'une & en l'autre la ligne I H fera moyenne Harmonique
entre les deux extrêmes E I & I F. Et partant la Section, qui paſſant par le point
H, touchera les deux pieds droits A C en A, & B D en B, touchera auſſi la droite E H au point H. Et cecy tombe dans la ſolution du 9. Probl.

Voilà donc la réſolution de tous les Cas qui peuvent eſtre conſiderez ſur cette
matiére ; où il paroiſt qu'il faut que le point donné ſe trouve entre les lignes des
pieds droits, ſi l'on veut rendre la queſtion poſſible ; parce que l'Arc, qui partant
des points A & B de la rampe , paſſeroit par un point poſé hors les lignes A C,
& B D prolongées, couperoit neceſſairement ceſdites lignes, & par conſéquent il ne
les pourroit pas toucher aux points A & B.

Et de cette façon j'eſtime qu'il eſt pleinement ſatisfait à tout ce qui peut eſtre
propoſé ſur la préparation neceſſaire à la regle de Pappus, c'eſt à dire, à la recherche des diametres de meſme conjugaiſon d'un Arc à décrire, qui touche deux pieds
droits en deux points donnez, ſoit que la hauteur de l'Arc ne ſoit pas donnée, ou
qu'elle ſoit déterminée par un point, ou par une ligne, ou par un plan.

QVATRIÉME OBSERVATION.

MAis parce que l'auſterité de la démonſtration nous a obligé à quantité de lignes inutiles pour la pratique, & qui peuvent embarraſſer les Ouvriers, qui
ne ſont pas accouſtumez à les démeſler ; il m'a ſemblé que je ferois une choſe qui
leur feroit agréable, ſi je leur enſeignois une Methode univerſelle & facile de trouver ces diametres en toute ſorte de Cas. Ce qui ſe fait ainſi.

Maniére univerſelle de trouver les diametres de meſme con-
jugaiſon de la Section qui doit former l'Arc rampant
ſur toute ſorte de pieds droits & de hauteurs.

Soient (aux 7. premiéres Figures de la 6. Planche) les pieds droits A C & B D Fig. VII.
continüez indéfiniment, en ſorte qu'ils ſe rencontrent en G, s'ils ne ſont point pa- de la VI.
rallels ; & la ligne de la rampe A B ſoit diviſée en deux également en Z ; & du Planche.
point Z ſoit menée une droite, ou parallele aux pieds droits, (ſi ceux-cy le ſont entre eux,) ou paſſant par le point de leur rencontre G : Enſuite ſoit la ligne donnée
ou non donnée E F qui détermine la hauteur de l'Arc propoſé , laquelle ſoit ou
parallele à la ligne de la rampe A B, ou la rencontrant au point I ; & cette ligne E F, compriſe entre les lignes A C & B D continüées, ſoit coupée en deux également en K, d'où il faut mener une ligne K M égale à K F, & qui faſſe quelque angle que ce ſoit avec E F ; & mener I M, à laquelle du point F, il faut tirer une parallele F L, & faire K H égale à K L ; puis du point H il faut mener la ligne H B,
& la diviſer en deux également en S, par où du point F il faut tirer la ligne F S Y ;
laquelle ſera ou parallele à la ligne G Z, ou elle la rencontrera au point Y dans l'angle A G B, ou dans celuy qui luy eſt au ſommet. Au premier Cas la Section ſera
une Parabole en la 6. Figure. Au ſecond Cas une Ellipſe, aux 5. premiéres Figures,
& une Hyperbole au troiſiéme Cas dans la 7. Figure. Et joignant aux deux derniers
Cas la ligne H Y, & la continüant en ſorte que Y T ſoit égale à Y H, & menant par
le point Y la ligne V Y X parallele à E F, ſur laquelle du point B tombe la ligne B N
parallele à H Y ; il faut faire Y Q égale à Y N, & ſur la ligne Q Y X comme diametre, décrire le demicercle X R Q, qui ſoit coupé en R par la ligne Y R tirée du
point Y perpendiculaire à V X ; & enfin faire les deux lignes Y O, & Y P égales

B b

à Y R : Les diametres de meſme conjugaiſon de l'Ellipſe, ou de l'Hyperbole que l'on demande, feront les deux lignes H T & O P.

Et pour la Parabole, il faut du point B mener B N parallele à E F, (comme en la 6. Figure de la 6. Planche) & H V parallele à G Z, qui coupe B N en N ; ſur laquelle il faut prendre H V égale à B N, & du point V mener V X parallele à E F, & rencontrant la ligne H B prolongée en X ; & enfin prendre ſur E F continüée la ligne H T égale à V X. La ligne H N ſera le diametre de la Parabole, auquel B N ſera ordonnée ſous l'angle H N B, & la ligne H T en ſera le Parametre.

TROISIEME DISCOURS.

Trouver les Axes d'une Section ſervant à la deſcription d'un Arc rampant, dont les diametres de meſme conjugaiſon ſont donnez.

PREMIÉRE OBSERVATION.

Premier moyen par la Regle de Pappus.

CEs choſes eſtant ſuppoſées, il ne reſte plus qu'à trouver les Axes & les foyers pour décrire facilement la Section propoſée, c'eſt à dire, appliquer, aux diametres trouvez de l'Ellipſe, la Regle de Pappus, dont nous avons parlé au commencement de ces Diſcours, & dont nous rapporterons premiérement la pratique qui ſe doit entendre pour toute ſorte de Cas, & nous la démontrerons enſuite. Le Probleme eſt donc tel.

REGLE DE PAPPVS.

Deux diametres de meſme conjugaiſon d'une Ellipſe eſtant donnez, en trouver les Axes & les foyers ou ſingliots.

Figures VIII. IX. X. XI. & XII. de la VI. Planche. LES *deux diametres de meſme conjugaiſon HT & O P eſtant propoſez (aux 8. 9. 10. 11. & 12. Figures de la 6. Planche) & par le point H, la ligne E H F indéfiniment prolongée, & parallele à O P ; il faut ſur H T au point H élever à angles droits la ligne H I égale à O Y, & mener I Y ; ſur laquelle au point I il faut tirer à angles droits la ligne I K, qui rencontre la ligne T H prolongée en K. Enſuite, aprés avoir diviſé en deux également au point R la ligne Y K, & mené à angles droits la ligne R S, qui coupera E F en quelque part comme en S (parce que les diametres H T, & O P n'eſtant pas les Axes, l'angle H Y P, on ſon égal E H Y ne ſera pas droit ;) il faut du point S comme centre, & de l'intervalle S Y ou S K, décrire le cercle K ᗩ Y β, lequel coupe la ligne E F aux deux points ᗩ & β ; d'où par le point Y, il faut mener les deux lignes indéfinies β Y & ᗩ Y ; ſur leſquelles du point H, il faut mener à angles droits les lignes H L, & H M. Enſuite il faut faire ſur la ligne β Y prolongée la ligne N Y égale à Y L ; & ſur la ligne β N comme diametre, décrire un demicercle N Q β qui coupe ᗩ Y au point Q, & rapporter la ligne Y Q de part & d'autre du point Y ſur β Y, en ſorte que les lignes Y V, & Y X ſoient égales à Y Q ; & par ce moyen nous aurons la toute V X pour l'un des Axes. En la meſme maniére prenant ſur ᗩ Y prolongée la ligne Y ζ égale à Y M, & ſur la toute ᗩ ζ comme diametre décrivant le demicercle ᗩ λ ζ qui coupe β Y prolongée*

au

au point λ ; il faut de part & d'autre du point Y, sur la ligne λ Y, prendre les deux YG
& YZ égales à Y λ, afin d'avoir la toute GZ pour l'autre Axe. Et prenant une extrémité
du moindre Axe comme le point G pour centre, & de l'intervalle G θ égal à la moitié de l'au-
tre Axe, c'est à dire, à YV ; il faut décrire les deux Arcs de cercle qui coupent la ligne β Y,
c'est à dire, le plus grand Axe aux deux points θ & ι, lesquels seront les foyers de la sus-
dite Ellipse, que les Ouvriers appellent les singliots.

Voilà la pratique de Pappus, qui est la 14. proposition du 8. livre de ses Collections Mathematiques : Et quoy que je ne la rapporte pas tout-à-fait dans les mesmes
termes, c'est pourtant toûjours la mesme chose ; & ce que j'y ay ajousté n'est que
pour en faciliter l'exécution aux Ouvriers : comme lors qu'il dit seulement qu'il faut
faire le rectangle Y H K égal au quarré O Y, parce que, la maniére d'appliquer
un quarré à une ligne droite, qui est la mesme que de trouver une troisiéme proportionnelle à deux droites données, n'est pas familiére aux Ouvriers ; j'ay mieux
aimé leur en marquer l'operation par le moyen du triangle rectangle Y I K, (dans
lequel la ligne I H estant perpendiculaire à la base Y K, le quarré H I, ou son
égal O Y est égal au rectangle Y H K, ainsi que Pappus l'ordonne,) que de la sup-
poser comme luy toute faite. Tout de mesme, quand il dit qu'il faut faire les deux
quarrez Y V, & Y X égaux au rectangle β Y L, & les deux quarrez Y G & Y Z
égaux au rectangle λ Y M ; j'en ay fait les operations toutes entiéres par le moyen
des demicercles N Q β & λ λ ζ.

Au reste, ce Probléme n'a que cette seule construction ; & Commandin qui a
commenté cét Auteur, s'étonne avec raison qu'il ne l'ait pas démontrée. Mais
comme il y a dans le texte de la Proposition quelques obscuritez qui marquent
qu'il a esté corrompu, je crois que la démonstration que Pappus en avoit faite s'est
perduë avec le reste de ses Ouvrages qui nous manquent.

Mais ce qui me surprend davantage, c'est que Commandin ayant entrepris de la
réparer, y ait si mal réüssi luy - mesme, n'ayant pas pû conclure, comme il fait,
que les lignes X V & G Z soient Axes de l'Ellipse, parce que l'angle β Y λ est droit,
aussi - bien que les angles au point L ; mais bien seulement que au cas que la ligne X V soit l'Axe, la ligne H L luy sera ordonnée ; puis que quelque point de la
ligne E F que l'on prenne pour centre d'un cercle qui passe par Y, & coupe E F
en deux autres points que β & λ, d'où l'on mene deux lignes au mesme point Y ;
l'angle de ces lignes sera toûjours droit au susdit point Y, & l'on pourra tirer du
point H une ligne qui fasse aussi angle droit avec cellé qui viendra d'un autre point
que β au point Y ; & cependant cette ligne ne sera pas l'Axe de l'Ellipse. Et je
m'étonne que Commandin ne se soit pas apperceû que toute la force de la construction de Pappus dépend de ce que le rectangle Y H K, c'est à dire, λ H β, est
égal au quarré O Y, & qu'il n'ait pas sceû la verité de ce Theoreme que je démontre en cette maniére.

Cc

THEOREME.

Si deux diametres de mesme conjugaison estant donnez dans une Ellipse, l'on tire de l'extrémité de l'un d'eux une Contingente qui rencontre les deux Axes : le rectangle des parties de la Contingente entre les Axes, & le point de l'attouchement, est égal au quart du quarré de l'autre diametre.

Figure XIII. de la VI. Planche. SOIENT dans l'Ellipse V G X Z, dont les Axes sont V X & G Z (dans la 13. Figure de la 6. Planche) deux diametres de mesme conjugaison H T & O P ; & de l'extrémité d'un d'eux, comme de H soit tirée la touchante ◁ H β, (qui sera par conséquent parallele à O P,) laquelle coupe les Axes, sçavoir V X au point β, & G Z au point ◮ ; je dis que le rectangle β H ◮ est égal au quarré O Y.

Pour le démontrer, il faut premiérement au point Ô mener une autre Contingente ξ O π, (qui sera aussi parallele à H T,) & qui coupe les Axes V X en π, & G Z en ξ ; puis au point V en mener une autre φ V ρ, (laquelle sera aussi parallele à l'Axe G Z,) & qui coupe la Contingente ◮ H en φ, & O P prolongée en ρ ; enfin des points H & O mener H M & H L, O μ & O ν ordonnées aux Axes V X & G Z, & continüer H L en ς.

Maintenant, à cause de la touchante ◮ H β, le rectangle β Y L est égal au quarré V Y ; & à cause de la touchante ξ O π, le rectangle π Y μ est aussi égal au mesme quarré V Y ; les deux rectangles donc β Y L, & π Y μ sont égaux : Et partant la ligne β Y est à π Y comme Y μ à Y L. De plus, comme les lignes ◮ β, O Y sont paralleles, aussi-bien que les lignes π ξ & H Y ; les triangles β H Y, Y O π sont semblables, aussi-bien que les triangles β H L, Y O μ : Et partant dans les deux premiers β Y sera à π Y comme H β à O Y ; & dans les deux derniers H β sera à O Y comme H L à O μ ; & par conséquent β Y sera à π Y comme H L à O μ. Mais nous avons démontré cy-dessus que ς Y estoit à π Y comme Y μ à Y L, c'est à dire, dans les triangles O Y μ, ς Y L, comme O μ à L ς : Donc H L sera à O μ, comme O μ est à L ς ; & partant le rectangle H L ς sera égal au quarré O μ ; & par conséquent le quarré Y L aura mesme raison au rectangle H L ς, qu'au quarré O μ. Mais la raison du quarré Y L au rectangle H L ς est composée de celles de Y L à H L, ou à son égale Y M, & de Y L à L ς, c'est à dire, à cause que les triangles Y L ς, β Y ◮ sont semblables, de β Y à Y ◮, lesquelles composent aussi la raison du rectangle β Y L au rectangle ◮ Y M, ou de leurs égaux le quarré V Y au quarré G Y : Donc le quarré Y L sera au quarré O μ comme le quarré V Y au quarré G Y, ou prenant leurs quadruples, comme le quarré de l'Axe V X au quarré G Z. Mais comme le quarré V X au quarré G Z, ainsi le rectangle V μ X est au quarré O μ : Donc le quarré Y L, & le rectangle V μ X auront mesme raison au quarré O μ ; & partant ils seront égaux : Et par conséquent le rectangle β Y L sera au quarré Y L, c'est à dire, la ligne β Y à Y L, comme le mesme rectangle ς Y L, ou son égal le quarré V Y, au rectangle V μ X ; Et par conversion de raison ς Y sera à ς L comme le quarré V Y au quarré Y μ. Mais comme ς Y à ς L, ainsi ς ◮ est à ς H, c'est à dire, en prenant ◮ H pour commune hauteur, le rectangle ς ◮ H au rectangle ς H ◮ : Donc le rectangle ς ◮ H sera au rectangle ς H ◮ comme le quarré V Y au quarré Y μ. Mais à cause des paralleles ◮ Y, H L, & φ V, le rectangle ς ◮ H est égal

au

au quarré $\delta\varphi$, comme le rectangle 6 Y L est égal au quarré V Y : Et partant le
quarré $\delta\varphi$, ou son égal Y ρ, sera au rectangle 6 H δ, comme le quarré V Y au
quarré Y μ. Mais comme le quarré V Y au quarré Y μ, ainsi est le quarré Y ρ au
quarré O Y : Donc le quarré Y ρ aura mesme raison au rectangle 6 H δ qu'au
quarré O Y : Et par conséquent le rectangle 6 H δ est égal au quarré O Y. Ce qu'il
falloit démontrer.

SECONDE OBSERVATION.

Autre moyen de trouver les Axes susdits.

APRE'S avoir suffisamment discouru sur la maniére de Pappus, pour trouver
les Axes d'une Ellipse, dont les diametres de mesme conjugaison sont donnez ; il ne reste plus qu'à en enseigner une qui trouve ceux de la Parabole, & de
l'Hyperbole, ainsi que nous l'avons promis. Mais comme la regle, par laquelle on
résout le Probleme pour ces deux Sections, est universelle, & sert aussi à résoudre celuy de l'Ellipse ; il m'a semblé qu'il ne seroit pas inutile de l'expliquer en cét
endroit, & que les Ouvriers m'auroient une double obligation, si je leur ensei-
gnois divers moyens de parvenir à un mesme but, desquels ils pourront choisir celuy qui leur sera plus agréable, ou mesme faire la preuve de l'un par l'autre, puis
qu'estant également vrais & démonstratifs, ils doivent également bien réüssir, si on
fait les operations comme il se doit.

Maniére universelle de trouver les Axes d'une section
Conique, dont les diametres de mesme conjugaison
sont donnez.

Pour l'Ellipse & pour l'Hyperbole.

SOIENT donnez deux diametres de mesme conjugaison d'une Ellipse ou d'une *Figures I.*
Hyperbole H T & O P se coupans au centre Y, & l'angle H Y P (comme aux *II. III.*
4. premiéres Figures de la 7. Planche.) Il faut premiérement prendre la ligne H D *IV. de*
troisiéme Géometrique aux deux T H & O P, & l'ajouster à la ligne T H dans *la VII.*
Planche.
l'Ellipse, ou la retrancher de la mesme T H dans l'Hyperbole, ou enfin retrancher la ligne T H de D H, si celle-cy est plus grande que l'autre ; puis couper
en deux également en I la toute, ou la difference T D. Ensuite sur la ligne H Y
comme diametre soit décrit le demicercle H N K Y, (en sorte qu'il ne coupe point
l'autre diametre O P) dont le centre soit G, dans lequel soit appliquée H N parallele à O P, & continüée indéfiniment ; puis, aprés avoir divisé H N en deux également en C, & tiré G C, il faut prendre sur C H continüée, s'il en est besoin, la ligne C B égale à I H, & tirer B L parallele à G C, ou perpendiculaire à C B, laquelle B L rencontre la ligne T H prolongée, s'il est besoin, en L, d'où il faut mener L M
parallele à O P, & égale à H D, (de la part de H vers C dans l'Hyperbole, &
dans l'Ellipse, si le point I se rencontre entre les points D & H comme en la Figure 3, ou de la part opposée, si le point H se trouve entre I & D, comme en la 4.
Figure ;) & du point M par G mener M K G, qui coupe le demicercle en K, par
où des points H & Y il faut mener indéfiniment les lignes H K Q, & Y K F, qui
rencontre H N continüée en V ; aprés quoy entre les deux V Y & Y K, il faut

D d

faire Y E moyenne Géométrique, à laquelle il faut prendre Y F égale, & tirer des
points E & Y des lignes indéfinies E R, & Z Y X paralleles à H K; puis aux
deux E K & K H faire une troifiéme Géométrique K Q, & du point F par Q
mener F Q R, qui coupe E R en R; & enfin entre les deux E R, & E F, trouver
une moyenne Géométrique, dont la moitié foit égale à chacune des lignes YX & YZ:
Et faifant dans l'Ellipfe du point F fur l'Axe X Z les lignes F A, & F S égales
à Y Z; ou bien dans l'Hyperbole du point Y fur l'Axe E F, les lignes Y A & Y S
égales à E Z; On aura les deux Axes que l'on demande Z X & E F, & les deux
foyers ou fingliots A & S.

Pour la Parabole.

Figure V.
de la VII.
Planche.
Soit O Z le diametre d'une Parabole, & O R fon parametre en l'angle R O Z,
(comme en la 5. Figure de la 7. Planche.) Et aprés avoir continüé Z O au deffus
du point O, il faut prendre O P égal à la moitié du parametre O R; & du point P
tirer la ligne P Q perpendiculaire à R O continüée, s'il en eft befoin, & du point Q
mener Q T parallele à O Z, & O S perpendiculaire à Q T; enfuite, aprés avoir
divifé Q S en deux également en X, mener X V parallele à O S, & troifiéme
Géométrique aux deux lignes X S & O S. Je dis que le point X fera le fommet,
la ligne X T l'Axe, & X V le cofté droit de la Parabole propofée.

Fig. X.
XI. XII.
XIII.
& XIV.
de la VII.
Planche.
La démonftration de cette maniére univerfelle fe fait en cette maniére. Aprés
avoir du point K (dans les Figures 10. 11. pour l'Hyperbole, & 12. 13. & 14. pour
l'Ellipfe, pour éviter la confufion des lignes dans les 4. premiéres Figures) mené
la ligne K π ρ parallele à N H, & qui rencontre la ligne G C prolongée, s'il en
eft befoin, au point O', je raifonne ainfi. Les triangles G H C, L H B eftans femblables, L H fera à G H comme B H à H C, & en compofant (dans les 10. 11. &
13. Figures) ou par converfion de raifon (dans la 12.) L G fera à G H comme B C à C H. Mais à caufe de la fimilitude des triangles L G M, H G θ; L G eft
à G H comme L M à H θ: Donc B C eft à C H comme L M eft à H θ; & en
permutant B C eft à M L comme C H à H θ. Mais comme B C a efté prife égale à I H, & M L égale à H D; & comme C H eft à H θ, ainfi O ϖ eft à π K:
Donc I H eft à H D comme O ϖ eft à π K: Et (dans la 10. Figure) en changeant,
par converfion de raifon, en doublant les confequens, par converfion de raifon, &
en changeant; ou (dans la 11. Figure) en divifant, doublant les antecedens, & en
compofant; ou bien (dans la 12. Figure) en changeant, par converfion de raifon,
doublant les confequens, en divifant, & en changeant; ou (dans la 13. Figure) en
compofant, doublant les antecedens, & en divifant; ou enfin (dans la 14. Figure)
en changeant, par converfion de raifon, doublant les confequens, en divifant &
changeant; H T fera à D H comme π ρ eft à K π, c'eft à dire, comme le rectangle ρ π K eft au quarré K π, ou comme le rectangle H π Y au mefme quarré K π;
& en changeant, le quarré de la ligne K π fera au rectangle H π Y comme la ligne H D eft à H T, c'eft à dire, au double de la ligne H Y. Mais H D a efté
prife dans tous les Cas la troifiéme proportionnelle aux deux diametres de mefme
conjugaifon H T & O P: Donc la ligne H D fera le parametre du diametre H T,
par la 4. des fecondes def. du 1. des Coniques d'Apollonius; & H T eftant à la
double de H Y comme le quarré de K π eft au rectangle H π Y; le point K eft
trouvé, ainfi que le demande la préparation des deux cas des Propofitions 53. &
54. du 1. des Coniques d'Apollonius; & le refte de noftre pratique eft le mefme
que ce qui eft fait & démontré dans ces deux Problemes. La démonftration pour
la Parabole eft toute entiére dans la 52. Propofition du mefme Livre.

RESOLUTION

DES

QUATRE PRINCIPAUX

PROBLEMES

DARCHITECTURE.

TROISIÉME PROBLEME RESOLV.

*Trouver Géometriquement les véritables joints de teste de
toutes sortes d'Arcs rampans.*

PREMIER DISCOURS.

Prés avoir enseigné cy-dessus la maniére de décrire les Arcs
rampans, il est bien juste d'avertir les Ouvriers que leur pratique ordinaire d'en tracer les joints de teste est inutile, ou
fautive. Voicy ce qu'ils font.

Ils divisent premiérement l'Arc comme D A F (dans la 6. *Fig. VI.*
Figure de la 7. Planche,) en autant de portions qu'ils veulent *de la VII.*
faire de Voussoirs, comme A B & A C ; & voulant tirer le *Planche.*
joint de teste, par exemple du point A, ils mettent le Compas sur le point B, & de quelque ouverture que ce puisse
estre, pourveü qu'elle soit plus grande que la ligne A B, ils font de part & d'autre
deux Arcs de cercle comme N M & P Q; puis rapportant le Compas au point C,
ils en font deux autres comme R H & T V, qui coupent les premiers en G & O,

E e

par où ils 'tirent la ligne G O; (qui paffera neceffairement par le point A,) & ils prennent la portion A G pour leur joint de tefte ; ce qu'ils font par tous les points de la divifion de leur Arc, pour avoir par ce moyen tous les autres joints de tefte.

Sur quoy je dis premiérement, qu'il n'y a qu'aux feuls Cas, où l'Arc propofé eft portion de cercle, ou bien lors qu'eftant une fection Conique, le joint fe doit tirer par l'un des fommets, que cette Regle n'eft pas fauffe ; aufquels Cas en échange elle eft inutile, puis qu'il ne faut alors que tirer les joints au centre; & qu'en tous les autres Cas, où l'Arc propofé eft portion d'une autre ligne que circulaire, elle eft abfolument fauffe & abfurde.

Parce que fur cette Hypothefe on peut tirer une infinité de lignes differentes, & tendantes à differens points, qui pafferont néantmoins par un mefme point de divifion de l'Arc, & pourront toutes également eftre le joint de tefte du mefme Arc en ce mefme point. Je veux dire que fuivant cette methode on pourra faire paffer une infinité de lignes par le point A comme A G, A H, &c. tendantes à differens points comme G, H, &c. & qui pourront autant l'une que l'autre eftre prifes pour le joint de tefte de l'Arc D A F au point A; ce qui eft abfurde, puis qu'il n'y a qu'un feul joint de tefte qui puiffe eftre legitimement appellé tel en chaque point de quelque Arc que ce puiffe eftre; & la regle par confequent qui en produit plufieurs ne peut eftre que fauffe & abfurde.

Or qu'il foit vray que par la regle fufdite on puiffe tirer une infinité de lignes par le point A, qui pourront toutes eftre également prifes pour le joint de tefte de l'Arc D A F en ce mefme point, je le montre en cette maniére. Soit par exemple l'Arc D A F portion d'une Ellipfe, & le point A pris ailleurs qu'au bout d'un des Axes: Et après avoir comme deffus pris les points B & C également diftans de A, & tiré les Arcs M N, R H & P Q, T N, afin que des points de leur rencontre G & O, on puiffe mener la ligne G A O, laquelle fera perpendiculaire à la ligne B C, & la divifera en deux également en X, & la ligne A G fera par cette operation le joint de tefte du point A.

Je dis maintenant, que fi on prend quelqu'autre point dans l'Arc comme D, duquel on tire une ligne D E parallele à B C, & rencontrant la fection en E, & la droite G O en I, les angles au point I feront auffi droits; mais les droites D I & I E ne font point égales, parce qu'autrement la ligne A O feroit l'Axe de l'Ellipfe, (les deux lignes B C & D E eftant paralleles, & toutes deux divifées également, & à angles droits par A O;) ce qui eft contre l'Hypothefe: Et partant D I ne fera point égale à I E, ni par confequent la droite A D à la droite A E; Et partant fi du point A nous infcrivons dans l'Ellipfe une ligne A F égale à A D, elle tombera ou deffus ou deffous du point E, & la ligne D F deffus ou deffous de D E, & les angles faits au point K par la ligne G O ne feront point droits ; & partant D K & K F ne feront point égales; Et partant fi des points D & F également diftans du point A, on fait felon la regle fufdite des Arcs de cercle au deffus & au deffous, par le rencontre defquels on tire une droite comme H L; elle paffera par le point A, & coupera au point L la ligne D F en deux également, & par confequent elle ne fera pas la mefme que G K, & la droite A H ne fera pas la mefme que A G; & A H fera néantmoins le joint de tefte de l'Arc au point A, fuivant la regle fufdite. Et comme on peut prendre une infinité de points differens également diftans de part & d'autre du mefme point A, & par le moyen defquels on peut faire une infinité de lignes differentes par la regle fufdite, qui peuvent eftre auffi legitimement prifes pour le joint de tefte de l'Ellipfe au point A, que la ligne A G; & comme ce que je viens de démontrer pour l'Ellipfe, peut eftre auffibien entendu pour toute autre forte de ligne courbe differente de la circulaire; il s'enfuit ce que nous avons dit cy‑deffus, & par confequent que la regle qui eft communément en ufage parmy les Ouvriers, eft fauffe.

SECOND

SECOND DISCOURS.

MAis comme il feroit inutile d'avoir découvert la fauſſeté de la pratique ordinaire, fi l'on n'en enſeignoit une autre qui ne ſoit pas ſujette à ces défauts:
j'ay pour ce ſujet aſſez ſerieuſement medité ſur cette matiére; ſur laquelle j'ay premiérement reconnu que la vraye & univerſelle maniére de tracer les joints de teſte
de toutes ſortes d'Arcs dans toute leur perfection, tant pour la ſûreté & ſolidité de
la liaiſon des Vouſſoirs, que pour la beauté & l'élegance du trait, conſiſtoit à les
tirer perpendiculaires à l'Arc, c'eſt à dire, à plomb ſur les lignes qui toucheroient
l'Arc aux meſmes points; puiſque cette pratique, (qui eſt la meſme que celle dont
on ſe ſert au cercle où les joints de teſte vont au centre,) ne détermine jamais
qu'un ſeul joint de teſte en chaque point, & donne aux coupes des Vouſſoirs toute
la force & la grace, dont l'Arc puiſſe eſtre capable. Et pour la rendre familiére
aux Ouvriers, j'ay tâché de leur en compoſer deux regles ſi faciles, que rien ne
les puiſſe d'oreſnavant empeſcher de s'en ſervir; & quoy que les Arcs puiſſent eſtre
portions de differentes Sections du Cone, comme du Cercle, de l'Ellipſe, de l'Hyperbole, ou de la Parabole; je les ay néantmoins conceûës ſous des termes ſi gé-
neraux, & ſi propres, qu'elles peuvent également ſervir à toutes.

Maniére univerſelle de tirer les joints de teſte de toutes ſortes d'Arcs rampans.

IL faut de chaque point de l'Arc tirer des perpendiculaires à l'Axe de la Section,
qui coupent le diametre qui paſſe par le point, où le coſté droit ou parametre
du meſme Axe eſt coupé en deux également; & du point où la perpendiculaire
rencontre l'Axe comme Centre, & de l'intervalle compris entre le ſuſdit Axe &
ledit diametre, faire un Arc de cercle, qui coupera l'Axe en deux points, de l'un
deſquels, ſçavoir de celuy qui eſt le plus éloigné du ſommet de la ſection, il faut
mener par le point premiérement pris dans l'Arc rampant, une ligne droite, qui
marquera le joint de teſte que l'on demande.

Soit la ligne A C B l'Axe d'une ſection B K K B, (aux 7. 8. & 9. Figures de la 7. *Fig. VII.*
Planche) dont la ligne B H ſoit le coſté droit ou parametre; & par le point I *VIII.*
qui diviſe B H en deux également, ſoit menée indéfiniment le diametre I N: Puis *& IX.*
de quelque point pris dans la ſection comme de K, ſoit menée la ligne K M N *de la VII.*
perpendiculaire à l'Axe qu'elle coupe en M, & le diametre I N en N; & du *Planche.*
point M comme centre, & intervalle M N, (c'eſt à dire, de la portion de la perpendiculaire compriſe entre l'Axe A C B & ledit diametre I N:) ſoit fait le cercle N L qui coupe le meſme Axe au point L, en ſorte que le point M ſoit toûjours entre le ſommet de la ſection dont il eſt le plus proche, & le ſuſdit point L;
duquel par le point K, il faut tirer la ligne L K O, qui donnera la droite K O
pour le joint que l'on demande.

Mais parce que les Ouvriers ne ſçavent pas toûjours comme on trouve ce diametre I N, il eſt à propos de leur en enſeigner la maniére; ſuppoſé, par ce qui a
eſté montré dans le précedent Probleme, qu'ils connoiſſent les Axes de la ſection
propoſée, qui ſoient par exemple les lignes A C B & E C D, par le moyen deſquels
il faut trouver la ligne B H coſté droit ou parametre de l'Axe A C B, ce qui ſe
fait ainſi. Il faut du centre C prendre ſur l'Axe C A la ligne C F égale à C D, &
du point F tirer la ligne F G parallele à A D, & du point A par G dans l'Ellipſe
& l'Hyperbole, (Figures 7. & 9.) tirer la droite A G H, qui coupe en H la ligne B H perpendiculaire à A B; ou bien dans la Parabole (Figure 8.) faire A H
égale à C G, & tirer indéfiniment la ligne H G, afin que l'on aye par ce moyen

en toutes les Figures la ligne droite B H pour le cofté droit, ou parametre que l'on recherche, qui eftant divifé en deux également en I, & tirant du centre C dans l'Ellipfe & l'Hyperbole, la ligne C I N, ou bien tirant dans la Parabole la ligne I N parallele à A C; la mefme I N fera le diametre de la fection que l'on demande. Ce que je démontre en cette maniére.

Mais auparavant je dois dire que les diametres de la Parabole eftant tous parallels, il paroift qu'il n'y a aucun centre de cette Figure, c'eft à dire, aucun point de concours des diametres; & pour cét effet nous avons mis les deux extrémitez de l'Axe A & B en un feul point, qui eft le fommet; Et pour le point C qui fert de centre, nous l'avons pris à fantaifie dans l'Axe, par lequel nous avons mené l'ordonnée E C D, qui fait en la Parabole, en quelque endroit que l'on la prenne, le mefme effet que le fecond Axe dans les autres Figures.

Je dis donc pour démontrer que la ligne I N eft le diametre que l'on cherche. Parce que C F eft égale à C D, & G F parallele à A D; la ligne A C fera à C D, comme C F, ou fon égale C D à C G: Et partant, dans la Parabole (Figure 8.) le quarré de C D fera égal au rectangle A C G, & la ligne C G, ou fon égale A H, fera le parametre ou cofté droit de l'Axe de la Parabole A C. Mais dans l'Hyperbole & l'Ellipfe (Figures 7. & 9.) puifque A C eft à C D comme C D eft à C G; le quarré A C fera au quarré C D (ou leurs quadruples, fçavoir le quarré de l'Axe A B au quarré de l'Axe E D,) comme la ligne A C à la ligne C G, c'eft à dire, comme l'Axe tranfverfe A B à B H: Et par confequent la ligne B H fera le parametre ou cofté droit de l'Axe tranfverfe A B.

Maintenant, pour démontrer que les lignes K O font les veritables joints de tefte de la fection propofée, & qu'ils la coupent à angles droits; il faut de quelque point que ce foit de la fection comme k, par lequel on a tiré un joint de tefte k o, mener une ligne droite k R perpendiculaire à la ligne k o, & qui rencontre l'Axe de la fection continüée en R, & prolonger la droite k m jufqu'à ce qu'elle trouve G H continüée au point q. Aprés quoy, pour faire voir que le joint k o coupe la fection à angles droits, ou (ce qui eft la mefme chofe) que la ligne k R touche la fection au point k, je raifonne en cette forte. Dautant que du fommet k du triangle rectangle l k R, on a mené une droite k m perpendiculaire à la bafe R l, le rectangle R m l fera égal au quarré de k m: Mais le mefme quarré k m eft auffi égal au rectangle B m q, par les 11. 12. & 13. du 1. des Coniques d'Apollonius: Donc les rectangles R m l & B m q feront égaux; mais parce que la ligne m l eft égale à m n, le rectangle R m l fera auffi égal au rectangle R m n; & partant les deux rectangles R m n & B m q feront égaux; & la ligne R m fera à B m comme m q à m n, & en divifant R B à B m comme q n à m n: Et partant comme la ligne q n dans la Parabole (Figure 8.) eft égale à la ligne m n, la ligne R B fera auffi égale à B m, & la droite k R touchera la Parabole en k par la 33. du 1. des Coniques. Mais pour l'Ellipfe & l'Hyperbole (Figures 7. & 9.) puifque R B eft à B m comme q n eft à m n, & q n eft égale à H I ou B I; la ligne R B fera à B m comme B I à m n, c'eft à dire, comme B C à C m; en permutant & compofant R C fera à B C comme B C à C m. Et comme A C eft égale à C B; la toute R A dans l'Ellipfe fera divifée Harmoniquement aux deux points B & m, & la toute A m dans l'Hyperbole aux deux points B & R: & partant, en l'une & en l'autre, la ligne A R fera à B R comme A m à B m; & la ligne k R touchera la fection au point k, par la 34. du 1. des Coniques. Et comme la mefme chofe fe peut femblablement démontrer dans tous les points de la fection, il paroift de la verité de la propofition. Ce qu'il falloit démontrer.

Seconde maniére de tirer les joints de teſte de toutes ſortes d'Arcs rampans.

Il faut de chacun des foyers de l'Ellipſe & de l'Hyperbole mener des lignes qui ſe rencontrent en un meſme point de l'Arc ; Mais dans la Parabole il faut du foyer mener une droite, qui ſoit coupée en un point de l'Arc par une ligne parallele à l'Axe. Enſuite dans toutes les ſections, l'angle qui eſt fait par ces lignes au point de l'Arc, doit eſtre coupé en deux également par une droite, qui ſera le joint de teſte que l'on demande.

Des points G & F foyers de l'Ellipſe ou de l'Hyperbole, (dans les 15. & 16. Figures) il faut tirer tant de lignes que l'on voudra G H, F I qui ſe coupent en des points de l'Arc comme en K. Tout de meſme, il faut du point F foyer de la Parabole, (dans la 17. Figure) mener F I qui ſoit coupée en un des points de l'Arc K, par la ligne H K parallele à l'Axe de la Parabole A F. Enſuite (dans toutes les trois Figures) il faut faire les deux lignes H K & I K égales, & des points I & H comme centres, & de quelque intervalle que l'on voudra , (pourveû qu'il ne ſoit pas plus petit que la moitié de la diſtance entre I & H) l'on doit décrire les deux Arcs qui ſe coupent au point L , d'où il faut mener O L K, qui ſera le joint de teſte que l'on recherche.

La démonſtration en eſt aiſée : Car ayant mené par un des points K la ligne M K N qui touche la ſection au point K, qui ſera par conſéquent (ainſi qu'il a eſté démontré par d'autres) l'angle M K I égal à N K H ; & l'angle I K L ayant eſté fait égal à H K L, il s'enſuit que l'angle M K L eſt égal à N K L ; & partant, que L K eſt perpendiculaire à la contingente.

Les points G & F foyers de l'Ellipſe (dans la 15. Figure) ſe trouvent, en faiſant les lignes E F & E L (qui ſont tirées d'une des extrémitez du petit Axe E D ſur le grand Axe A B) égales à C B, moitié du grand Axe A B.

Ceux de l'Hyperbole G & F (dans la 16. Figure) ſe trouvent, en prenant du point C, qui eſt le centre, les lignes C G & C F ſur le grand Axe, égales à la ligne E B tirée d'un des bouts du petit Axe E D à une des extrémitez du grand Axe A B.

Le foyer de la Parabole F (dans la 17. Figure) ſe trouve, en faiſant depuis le ſommet A la ligne A F égale à A G, c'eſt à dire, au quart de la ligne A D qui eſt le parametre, ou le coſté droit de la Parabole.

G g

RESOLUTION
DES
QUATRE PRINCIPAUX
PROBLEMES
DARCHITECTURE.

QVATRIÉME PROBLEME RESOLV.
Trouver la ligne sur laquelle les Poutres doivent estre coupées
en leur hauteur & largeur, pour les rendre par tout
également fortes & resistantes.

PREMIER DISCOURS,
OU
F. B. EPISTOLA AD P. VV.

In quâ celebris Galilæi propositio discutitur circa naturam
lineæ quâ Trabes secari debent secundùm altitudinem, ut
sint æqualis ubique resistentiæ; & in quâ lineam illam non
quidem Parabolicam, ut ipse Galilæus arbitratus est, sed
Ellipticam esse, demonstratur.

F. B.

F. B. P. VV. S. P. D.

 ERGRATÆ mihi tuæ litteræ fuerunt, cùm ex illis intelligam & te valere, & me à te amari; quamquam fubiratior videatis quòd ad te rarò fcribam, id quod non tam meâ negligentiâ quàm penuriâ Tabellariorum contigiſſe, credas velim. Nam à quo tempore à Sarmatis ad Cimbros evolavit Heros veſter, nemo fanè fuit qui ad te tutò perferret litteras, etſi id optabam vehementer, tùm ut finceras tibi grates agerem, quòd officiosâ tuâ confabulatione fciverit Magnus ille noſter amicus, maximo me affectum fuiſſe gaudio, cùm fummum Arctoi maris imperium, ei conceſſiſſe mihi nuntiatum eſt; tùm etiam ut tibi fignificarem, id mihi perutile futurum, fi me quâ foles benignitate apud illum amicâ commendatione profequereris.

Cæterùm perjucunda mihi profectò fuit elegantiſſima tua narratio de admirabili illâ Machinâ quâ in Coloſſicoteri tui Leonis Hyperborei conſtructione uti te dicis; & magnopere me delectat iſta contemplatio intricatiſſimæ illius tignorum, rudentum & ferramentorum compagis, quæ Rectoris imperio ingeniòque ita fe præſtat obfequentem: Sed pergratum mihi feceris, fi per te certior aliquando fiam, quandónam Navis tua

> *Premet imperiofa fuum mare?*

Ingens enim de illâ percrebuit rumor, dignam fcilicet fore, cui

> *Baltica tota lubens deferviat ora.*

Quod autem fcribis, fectas à te ex præfcripto Galilæi lineâ Parabolicâ fecundùm altitudinem Trabes, ut æqualis ubique forent refiſtentiæ, non omninò expectationi tuæ refpondiſſe; iſtud me primùm non mediocriter commovit: tantæ enim apud me exiſtimationis vir ille femper fuit, ut inducere in animum nunquam poſſem, quicquam ab eo minùs fapienter excogitatum poſſe à nobis aliquando refarciri.

Verùm re penitiùs introfpectâ, difcufsifque iis propofitionibus, quas de refiſtentiâ Solidorum 2. lib. Mechan. confcripfit; & quandoquidem tu me meam ea de re fententiam rogas; ita me cenfere fateor, neque diſſimulabo Delufum fanè iſtâ ratione fuiſſe Galilæum, ut ea trabibus utrinque fultis congruere arbitratus fuerit, quæ tignis alterâ fui parte in murum infixis, aliâ verò liberè prominentibus convenire rectè demonſtraverat.

Etenim quando aſſerit momentum refiſtentiæ in A (licet enim mihi affari te *Fig. 1.* verbis Geometricis) Cunei feu Prifmatis triangularis A B G D F eſſe ad momentum *Tab. 8.* ejufdem in C, ut linea A B eſt ad lineam C B: At è contrario momentum refiſtentiæ in A Trabis, feu Prifmatis quadrangularis A B E D, eſſe ad momentum ejufdem in C, ut linea C B eſt ad lineam A B: Id profectò aliter intelligi non poteſt, nequidem ex ipfo Galilæanæ demonſtrationis contextu, quàm fi Prifmata muro firmiter in punctis vel A, vel C adhærentia fupponantur, dum Pondera ex B dependeant, quæ fic augeantur, ut Prifmatum refiſtentiis evadant tandem æqualia; quorum ponderum eadem tunc erit ratio, quæ linearum A B & C B.

At fi Trabs A E fecari intelligatur per lineam Parabolicam F N K B, unde So- *Fig. 2.* lidum fiat A F N B G O D, quod Cuneum Parabolicum appellare licet; tunc ipfe *Tab. 8.* Galilæus infert, ex iis quæ antè demonſtraverat, momenta refiſtentiæ in quibufvis punctis eſſe æqualia; id eſt, (ut patet ex contextu demonſtrationis) Pondus quod pendens ex B, Solidum Parabolicum frangeret infixum in parietem in puncto A, feu per fuperficiem A F D; idem etiam Pondus pendens ex eodem B, idem Solidum frangeret infixum in parietem in puncto C, feu per fuperficiem C N O, & fic

H h

de cæteris. Quod perutile futurum ait rei ædificatoriæ, ac conftruendis præfertim navigiis, in quibus tranftra quæ foros fuftinent tertiâ ponderis & molis parte mutari poffint, falvâ & incolumi refiftentiâ.

At ego (mi VV.) fateor, prorsùs ignorare me, cuinam id ufui effe poffit, tranftra enim in navibus nulla funt quæ utrinque non fuffulciantur, & quorum extrema, imò & fæpe media pars, quibufdam rebus non infideant firmiter incumbántque.

Sed & rei Ædificatoriæ parùm id opinor fubfidij afferet, cùm omnis ferè quæ in illa adhibetur materies, utrâque extremitate firmis quibufdam fulcimentis fuftineatur; fic in contignationibus Trabes mutulis aut parietibus, afferes trabibus, columen Columnis, cantherij capreolis & tranftris, & templa cantheriis infiftunt: nec ullum ferè tignum reperias, cujus extremitas altera in murum infixa fit, altera verò liberè extrà promineat; nifi fi quod in fubgrundis domorum extet fuftinendis trochleis, quibus pondera attollantur in Cænacula, aut in mutulis quæ Mæniana fuffulciant.

Reftat igitur ut, fi eadem tigna utrinque fulta fupponantur, incumbántque in diverfis eorum partibus illa pondera quæ trabes effringere poffint; Quænam inter ifta proportio intercedat, inquiramus.

PROPOSITIO PRIMA.

Fig. 1.
Tab 8. Ac primùm quidem de Prifmate quadrangulari A B E fulto in A & B, notum eft ex eodem Galilæo, momentum refiftentiæ in C ad momentum refiftentiæ in H, id eft, minimum pondus quod incumbens in P, trabem frangeret, ad minimum pondus quod eandem frangeret in M, effe ut rectangulum A H B ad rectangulum A C B; hoc enim ab ipfo demonftratum eft.

PROPOSITIO SECVNDA.

Fig. 1.
Tab 8. At in Prifmate triangulari feu Cuneo A B G D F, momenta refiftentiæ funt inter fe, ut rectangula fub alternis lineæ A B partibus; id eft, momentum in C eft ad momentum in H, ut rectangulum fub lineis A H, C B, ad rectangulum fub lineis A C, B H. Eft enim ratio momenti refiftentiæ Cunei in C ad momentum refiftentiæ ejufdem in H, compofita ex rationibus momenti Cunei in C ad momentum refiftentiæ Prifmatis quadrangularis feu trabis A E è quâ nafcitur in eodem puncto C, momenti refiftentiæ trabis in C ad momentum ejufdem in H, & tandem momenti refiftentiæ trabis in H ad momentum refiftentiæ Cunei in eodem H. Sed ratio momenti refiftentiæ Cunei in C ad momentum trabis in eodem C eft (ex Galilæo) ut quadratum C N ad quadratum C P feu A F, id eft, ut quadratum C B ad quadratum A B, (componitur enim ex rationibus partium folidi contentarum in fuperficiebus C O & C I quæ funt inter fe ut fuperficies, id eft, propter communem altitudinem N O, I P, ut lineæ C N & C P, & ex ratione diftantiarum actionis earumdem, quæ etiam funt ut eædem lineæ C N, C P:) Ratio verò momenti refiftentiæ Prifmatis quadrangularis feu trabis in C, ad momentum ejufdem in H eft ex eodem Galilæo, ut rectangulum A H B ad rectangulum A C B; & tandem ratio momenti refiftentiæ trabis in H ad momentum refiftentiæ Cunei in eodem H, eft ut quadratum H M feu A F ad quadratum H K, id eft, ut quadratum A B ad quadratum H B: Ergo ratio momenti refiftentiæ Cunei, feu Prifmatis triangularis in C ad momentum refiftentiæ ejufdem in H, componitur ex rationibus quadrati C B ad quadratum A B, rectanguli A H B ad rectangulum A C B, & quadrati A B ad quadratum H B. Sed rationes quadrati C B ad quadratum A B, & quadrati A B ad quadratum H B funt æquales rationi quadrati C B ad quadratum H B; & ratio quadrati C B ad quadratum H B æqualis rationibus linearum C B

ad

ad B H plus C B ad B H; ratio verò rectanguli A H B ad rectangulum A C B, eadem est quæ linearum A H ad A C plus H B ad C B: Ergo ratio momenti resistentiæ Cunei in C ad momentum ejusdem in H, componitur ex rationibus linearum C B ad B H plus C B ad B H, plus A H ad A C plus B H ad C B. Atqui rationes C B ad B H plus B H ad C B sese mutuò destruunt: Superfunt ergo
rationes A H ad A C plus C B ad B H quæ componunt rationem rectanguli A H,
C B ad rectangulum A C, B H. Unde patet propositum.

PROPOSITIO TERTIA.

Sic si trabs A B E utrinque secetur per diagonales A Q, Q B quæ Solidum *Fig. 3.*
deinceps Cuneatum A Q B T R S efficiant, occurrentes in medio trabis Q R. Mo- *Tab. 8.*
mentum resistentiæ duplicis illius Cunei in C, erit ad momentum ejusdem in H,
ut rectangulum sub lineis H B, B C ad rectangulum sub A C & A H. Nam ratio
momenti resistentiæ duplicis Cunei in C ad momentum ejusdem in H, componitur
ex rationibus momenti in C ad momentum in G, & momenti in G ad momentum in H. Sed demonstrabitur, ut suprà, momentum Cunei in C ad momentum
ejusdem in G, esse in ratione composita quadrati lineæ C N ad quadratum lineæ G Q,
& rectanguli A G B ad rectangulum A C B: Sed ratio quadrati C N ad quadratum G Q eadem est quæ quadrati C B ad quadratum G B seu ad rectangulum A G B:
Ergo ratio momenti in C ad momentum in G, componetur ex rationibus quadrati C B ad rectangulum A G B, & rectanguli A G B ad rectangulum A C B, quæ
quidem sunt æquales rationi quadrati C B ad rectangulum A C B, vel denique
rationi lineæ C B ad lineam A C. Eodem argumento demonstrabitur momentum resistentiæ Cunei in G ad momentum resistentiæ ejusdem in H, esse ut linea H B ad lineam A H: Ergo ratio momenti resistentiæ duplicis Cunei in C,
ad momentum ejusdem in H, componetur ex rationibus linearum C B ad A C
plus H B ad A H: quibus etiam componitur ratio rectanguli H B C ad rectangulum H A C. Unde patet propositum.

PROPOSITIO QVARTA.

Quod autem ad lineam Parabolicam spectat, quâ quadrifariam secari trabes
possunt secundùm altitudinem, neutro tamen modo continget unquam, ut momenta resistentiæ superfint ubique æqualia. Etenim trabs A E eâ ratione secetur ut *Fig. 1.*
Axis semiparabolæ sit longitudo trabis A B, amplitudo verò dimidia, sit ejusdem alti- *Tab. 8.*
tudo A F, (planè ut superior Galilæi figura docet,) unde Solidum A F N B G O D
oriatur, quod Cuneum Parabolicum appellare licet: Quódque si utrinque fulciatur
in A & B, momentum resistentiæ ut in C, erit ad momentum resistentiæ ut in H,
in ratione lineæ A H ad lineam A C.

Nam demonstrabitur ut suprà rationem momenti resistentiæ Cunei Parabolici
in C ad momentum ejusdem in H, componi ex ratione quadrati C N ad quadratum H K, (id est, propter Parabolam lineæ C B ad lineam H B) plus ratione rectanguli A H B ad rectangulum A C B, (id est, ratione linearum A H
ad A C plus H B ad C B: Ergo ratio momenti resistentiæ Cunei in C ad momentum ejusdem in H, componetur ex rationibus linearum C B ad H B plus H B
ad C B, plus A H ad A C; sed ratio C B ad H B destruit rationem H B ad C B,
est enim ratio æqualitatis quæ in compositione rationum nihil addit aut demit: Ergo superest ratio lineæ A H ad A C, cui æqualis est ratio momenti resistentiæ Cunei Parabolici in C ad momentum resistentiæ ejusdem in H. Quod erat demonstrandum.

PROPOSITIO QVINTA.

Fig. 4.
Tab. 8.

DEINDE ipfa Trabs A E fecetur diagonaliter à duabus femiparabolis A K Q, B N Q, quarum Axis communis fit A B & dimidia amplitudo etiam communis G Q, quæ occurrentes in medio Trabis in Q, efficiant Solidum A K Q N B, T O R L S, quod duplicem Cuneum Parabolicum appellare poffumus; in quo momentum refiftentiæ in C erit ad momentum refiftentiæ in H, ut linea H B ad lineam A C.

Etenim ratio momenti refiftentiæ duplicis Cunei Parabolici in puncto C ad momentum refiftentiæ ejufdem in puncto H, componitur ex rationibus momenti in C ad momentum in G, & momenti in G ad momentum in H; jam verò ratio momenti refiftentiæ Cunei Parabolici in C ad momentum ejufdem in G, componitur ex rationibus momenti Cunei in C ad momentum refiftentiæ trabis A E, è quâ nafcitur, in eodem puncto C, & momenti trabis A E in C ad momentum Cunei in G. Atqui momentum Cunei in C ad momentum Trabis in C, eft ut quadratum C N ad quadratum C P feu G Q, id eft, (propter Parabolam B N Q) ut linea C B ad lineam G B: Momentum verò trabis in C eft ad momentum Cunei Parabolici in G, ut quadratum G B ad rectangulum A C B, (idem enim eft momentum refiftentiæ Trabis & Cunei in G,) id eft, in ratione linearum G B ad A C plus G B ad C B: Ergo momentum Cunei in C ad momentum ejufdem in G, erit in ratione linearum C B ad G B, plus G B ad A C, plus G B ad C B; id eft, ut linea G B ad A C. Eodem modo oftendetur momentum Cunei in G, effe ad momentum ejufdem in H, ut linea H B eft ad lineam A G feu G B: Ergo ratio momenti refiftentiæ Cunei Parabolici in C ad momentum ejufdem in H, componetur ex rationibus linearum G B ad A C & H B ad G B, id eft, erit ut linea H B ad lineam A C. Quod erat demonftrandum.

PROPOSITIO SEXTA.

Fig. 5.
Tab. 8.

TERTIÒ fi Trabs A E fecari intelligatur lineâ Parabolicâ A K Q N B cujus vertex fit in Q, axis Q G, & amplitudo A B, quâ quidem fectione fiet Solidum A Q B T R S quod Parabolicum appellabitur; cujus momentum refiftentiæ in C eft ad momentum refiftentiæ in H, ut rectangulum A C B eft ad rectangulum A H B, vel, quod idem eft, ut linea C N ad lineam H K.

Etenim, ut fuprà oftenfum eft, ratio momenti illius Parabolici in C ad momentum ejufdem in H, componitur ex rationibus quadrati C N ad quadratum H K & rectanguli A H B ad rectangulum A C B, id eft, ex rationibus linearum C N ad H K plus C N ad H K, & rectanguli A H B ad rectangulum A C B: Sed ratio lineæ C N ad H K, eadem eft (propter Parabolam) quæ rectanguli A C B ad rectangulum A H B: Ergo ratio momenti refiftentiæ Solidi Parabolici in C ad momentum refiftentiæ ejufdem in H, componetur ex rationibus C N ad H K plus rectanguli A C B ad rectangulum A H B, plus rectanguli A H B ad rectangulum A C B: Sed rationes A C B ad A H B, & A H B ad A C B fefe mutuò deftruunt: Eft ergo momentum refiftentiæ Solidi Parabolici in C ad momentum ejufdem in H, ut linea C N ad lineam H K, id eft, (propter Parabolam) ut rectangulum A C B eft ad rectangulum A H B. Quod erat demonftrandum.

COROLLARIVM.

ET hinc vides iftius Solidi Parabolici momenta proportionem habere inverfam momentorum Trabis è quâ enatum eft; illius enim momentum in C eft ad momentum in H, ut rectangulum A C B ad rectangulum A H B; hujus verò è contrario momentum

mentum reſiſtentiæ in C eſt ad momentum reſiſtentiæ in puncto H, ut rectangulum A H B eſt ad rectangulum A C B.

PROPOSITIO SEPTIMA.

Quartò denique ſecetur Trabs A E per ſemiparabolam F N K B, cujus axis *Fig. 6.* ſit A F & dimidia amplitudo A B; exurgátque Cuneus parabolicus A F K B G O D; *Tab. 8.* in quo momenta reſiſtentiæ Iongè intricatiorem inter ſe proportionem ſortientur quàm in reliquis. Oſtendetur enim ut ſuprà momentum Cunei in C ad momentum ejuſdem in H, eſſe in ratione compoſitâ quadrati C N ad quadratum H K, & rectanguli A H B ad rectangulum A C B; Quæ ratio ſi referatur ad lineam B A ſeu ad baſim Cunei, eadem erit quæ compoſita rationum quadrati lineæ compoſitæ ex A C & A B ad quadratum lineæ compoſitæ ex eadem A B & A H, plus rectanguli ſub lineis A H, C B ad rectangulum ſub lineis A C, B H.

Sit enim A Q æqualis A B, & erit ex proprietate Parabolæ C N ad H K ut rectangulum Q C B ad rectangulum Q H B, & ut quadratum C N ad quadratum H K, ſic quadratum rectanguli Q C B ad quadratum rectanguli Q H B, id eſt, vt lineæ Q C ad Q H, plus Q C ad Q H, plus C B ad H B, plus C B ad H B. Sed ratio rectanguli A H B ad rectangulum A C B, eadem eſt quæ ratio linearum A H ad A C, plus H B ad C B: Ergo ratio momenti reſiſtentiæ Cunei Parabolici in C ad momentum reſiſtentiæ eiuſdem in H, componetur ex rationibus linearum Q C ad Q H, plus Q C ad Q H, plus C B ad H B, plus C B ad H B, plus A H ad A C, plus H B ad C B. Sed rationes C B ad H B, plus H B ad C B ſeſe mutuò deſtruunt; Relinquuntur ergo rationes Q C ad Q H, plus Q C ad Q H, plus C B ad H B, plus A H ad A C; Quæ componunt etiam rationem quadrati Q C ad quadratum Q H, & rectanguli A H, C B ad rectangulum A C, B H. Sed quadratum Q C æquale eſt quadrato lineæ compoſitæ ex A B & A C, quadratum verò Q H æquale quadrato lineæ compoſitæ ex A B & A H. Ergo ratio momenti reſiſtentiæ Cunei Parabolici in C ad momentum reſiſtentiæ ejuſdem in H, componitur ex rationibus quadrati lineæ compoſitæ ex A B & A C ad quadratum compoſitæ ex eadem A B & A H, & rectanguli ſub lineis A H, C B ad rectangulum ſub lineis A C, B H. Quod erat demonſtrandum.

SCHOLIUM.

Atque ex iſtis omnibus patet ratio, cur nimiam quam in Galilæum habebas fiduciam experimenta tua deluſerint. Tantum enim abeſt ut illa ſectio Parabolica, quocunque tandem modo trabibus ſecundùm altitudinem adhibeatur, æquet in illis utrinque fultis momenta reſiſtentiæ; quin illa potiùs in infinitum dimovere poſſit atque diducere; etiamſi id ſemper veriſſimum ſit tertiam ponderis & molis partem per Parabolas in trabe reſecari.

PROPOSITIO OCTAVA.

Sed nec iſta momentorum æqualium proprietas ſectioni hyperbolicæ conveniet. *Fig. 7.* Nam ſi trabs A E ſecetur primò per ſemihyperbolam A N K R ſub tranſverſâ *Tab. 8.* diametro Q A, Axe A B, & amplitudine B R, vnde Cuneus hyperbolicus oriatur B A N R E L S G. Erit momentum reſiſtentiæ in C ad momentum in H, vt eſt rectangulum ſub Q C & H B ad rectangulum ſub Q H & C B. Nam, vt ſuprà, demonſtrabitur momentum in C ad momentum in H eſſe in ratione compoſitâ quadrati C N ad quadratum H K, & rectanguli A H B ad rectangulum A C B. Sed ex proprietate hyperboles quadratum C N eſt ad quadratum H K ut rectangulum Q C A ad rectangulum Q H A : Ergo momentum eſt ad momentum in ratione compoſitâ rectangulorum Q C A ad Q H A & A H B ad A C B. Sed ratio re-

K k

&ctanguli Q C A ad Q H A eadem eft quæ linearum Q C ad Q H, & A C ad A H; ratio verò rectanguli A H B ad A C B eadem eft quæ linearum A H ad C A, plus H B ad C B : Et ratio A C ad A H deftruit rationem A H ad C A : Ergo momentum refiftentiæ Cunei hyperbolici in C ad momentum refiftentiæ ejufdem in H, eft in ratione compofitâ linearum Q C ad Q H, plus H B ad C B ; Quæ quidem eft ratio rectanguli Q C, H B ad rectangulum Q H, B C. Quod erat demonftrandum.

PROPOSITIO NONA.

Fig. 8.
Tab. 8.
S I verò idem Prifma A E fecetur per duas femihyperbolas contrariè pofitas A K Q, B N Q, quarum axis communis A B, amplitudo eadem G Q, & tranfverfæ diametri æquales A V, B X, quæ fe in trabis medio Q fecantes, Solidum in illâ efficiant A K Q N B T R S deinceps Cuneatum hyperbolicum. Idem prorsùs eveniet quod fuprà, eritque momentum refiftentiæ in C ad momentum refiftentiæ in H, ut eft rectangulum fub X C & H B ad rectangulum fub V H & A C. Eft enim ratio momenti refiftentiæ Solidi deinceps Cuneati hyperbolici in C ad momentum refiftentiæ ejufdem in H, compofita ex rationibus momenti in C ad momentum in G, & momenti in G ad momentum in H. Et ratio momenti in C ad momentum in G componitur ex rationibus rectanguli A G B ad rectangulum A C B, plus quadrati C N ad quadratum G Q, id eft, (ex proprietate hyperboles) rectanguli X C B ad rectangulum X G B. Sed ratio rectanguli A G B ad rectangulum A C B, eadem eft quæ linearum A G ad A C, plus G B ad C B; Ratio verò rectanguli X C B ad rectangulum X G B, eadem quæ linearum X C ad X G, plus C B ad G B : Et ratio G B ad C B deftruit rationem C B ad G B : Ergo ratio momenti refiftentiæ in C ad momentum in G, componetur ex rationibus A G ad A C, plus X C ad X G, quibus etiam componitur ratio rectanguli X C, A G ad rectangulum X G, A C. Eodem modo demonftrabitur rationem momenti refiftentiæ in G ad momentum refiftentiæ in H, eandem effe quæ rectanguli V G, B H vel X G, B H ad rectangulum V H, A G: Ergo ratio momenti refiftentiæ Solidi deinceps Cuneati hyperbolici in C ad momentum refiftentiæ ejufdem in H, componetur ex rationibus rectangulorum X C, A G ad X G, A C, plus X G, B H ad V H, A G. Sed ifta rationum compofitio eadem eft quæ compofitio rationum rectangulorum X C, A G ad V H, A G, plus X G, B H ad X G A C, id eft, (propter communes altitudines A G & X G) eadem quæ compofitio rationum linearum X C ad V H, plus B H ad A C: Ergo momentum refiftentiæ Solidi deinceps Cuneati hyperbolici in C ad momentum refiftentiæ ejufdem in H, eft in ratione compofitâ ex rationibus linearum X C ad V H & B H ad A C, id eft, rectanguli X C, B H ad V H, A C. Quod erat demonftrandum.

PROPOSITIO DECIMA.

Fig. 9.
Tab. 8.
Q U O D fi Trabs A E fecetur per integram hyperbolam A K Q N B cujus axis fit G Q, tranfverfa diameter Q V, & oppofita fectio I V Z; erit adhuc intricatior ratio momenti refiftentiæ Solidi hyperbolici A Q B D R Y in C ad momentum ejufdem in H. Si enim producantur lineæ C N, H K, donec occurrant oppofitæ fectioni in Z & I; demonftrabitur rationem momenti in C ad momentum in H, eandem effe quæ rectanguli fub lineis I H, C N ad rectangulum fub lineis Z C, H K. Nam, ut fuprà, oftendetur rationem momentorum componi ex rationibus quadratorum C N ad H K, plus rectangulorum A H B ad A C B. Sed ex proprietate hyperboles rectangulum A H B ad rectangulum A C B, eft ut rectangulum I H K ad rectangulum Z C N : Erit ergo ratio momenti in C ad momentum in H compofita ex rationibus quadrati C N ad quadratum H K, & rectanguli I H K ad rectangu-

rectangulum Z C N. Rursùs demonstratum est ab aliis idem esse compositum rationum quadrati C N ad quadratum H K & rectanguli I H K ad rectangulum Z C N, quod compositum rationum quadrati C N ad rectangulum Z C N, id est, lineæ C N ad lineam Z C, & rectanguli I H K ad quadratum H K, id est, lineæ I H ad lineam H K: Est ergo ratio momenti resistentiæ Solidi hyperbolici in C ad momentum resistentiæ ejusdem in H, composita ex ratione lineæ C N ad Z C, plus ratione lineæ I H ad H K; quibus etiam componitur ratio rectanguli I H, C N ad rectangulum sub lineis Z C, H K. Quod erat demonstrandum.

PROPOSITIO VNDECIMA.

DENIQUE, si Trabs A E per semihyperbolam F K N B secetur, cujus Axis A F, *Fig. 10.* transversa diameter F V, & opposita sectio V I Z, oriatúrque alter Cuneus hyperbo- *Tab. 8.* licus A F N B G L D; erit intricatissima ratio momentorum resistentiæ ejusdem in diversis punctis C & H. Nam si extendantur lineæ C N, H K, ut in superiori propositione, donec occurrant oppositæ sectioni in Z & I, erit ratio momenti resistentiæ Cunei hyperbolici in C ad momentum ejusdem in H, composita ex rationibus rectanguli sub lineis I H & C N ad rectangulum sub lineis Z C, H K, plus rectanguli sub compositâ ex tota A B & parte A C in lineam A H, ad rectangulum sub compositâ ex eadem A B, & parte A H in lineam A C. Sit A Q æqualis A B, ostendetur, ut suprà, momentum resistentiæ Cunei hyperbolici in C ad momentum ejusdem in H, esse in compositâ quadrati C N ad quadratum H K, & rectanguli A H B ad rectangulum A C B: Sed ratio quadrati C N ad quadratum H K componitur ex rationibus quadrati C N ad quadratum A F, & quadrati A F ad quadratum H K; ratio verò quadrati C N ad quadratum A F componitur rursùs ex ratione quadrati C N ad rectangulum Z C N (id est, propter C N communem altitudinem,) lineæ C N ad lineam Z C, plus ratione rectanguli Z C N ad rectangulum Q C B, id est (ex proprietate hyperboles) rectanguli V A F ad quadratum A B, plus ratione rectanguli Q C B ad quadratum A B, plus ratione quadrati A B ad rectangulum V A F, & tandem plus ratione rectanguli V A F ad quadratum A F, id est, (propter A F communem altitudinem) lineæ V A ad lineam A F: Atqui ratio rectanguli V A F ad quadratum A B destruit rationem quadrati A B ad rectangulum V A F. Superest ergo ut ratio quadrati C N ad quadratum A F componatur ex rationibus lineæ C N ad lineam C Z, plus rectanguli Q C B ad quadratum A B, plus lineæ V A ad lineam A F; quibus etiam componuntur rationes rectanguli V A, C N ad rectangulum C Z, A F & rectanguli Q C B ad quadratum A B. Eodem argumento demonstrabitur rationem quadrati A F ad quadratum H K componi ex ratione rectanguli I H, A F ad rectangulum V A, H K, plus ratione quadrati A B ad rectangulum Q H B: Ergo ratio quadrati C N ad quadratum H K componetur ex ratione rectangulorum V A, C N ad C Z, A F, plus Q C B ad quadratum A B, plus quadrati A B ad rectangulum Q H B, plus rectanguli I H, A F ad V A, H K; id est, ex rationibus rectangulorum V A, C N ad C Z, A F, plus Q C B ad Q H B, plus I H, A F ad V A H K. Sed quod exurgit ex compositione rationum rectangulorum V A, C N ad C Z, A F, plus I H, A F ad V A, H K, æquale est ei quod exurgit ex compositione rationum rectangulorum V A, C N ad V A, H K, id est, (propter V A communem altitudinem) lineæ C N ad lineam H K, plus I H, A F ad C Z, A F, id est, (propter A F communem altitudinem) lineæ I H ad lineam C Z, quæ quidem conficiunt rationem rectanguli I H, C N ad rectangulum C Z, H K: Ergo ratio quadrati C N ad quadratum H K componetur ex rationibus rectangulorum I H, C N ad C Z, H K, plus Q C B ad Q H B: Ergo ratio momenti resistentiæ Cunei hyperbolici in C ad momentum ejusdem in H componetur ex rationibus rectangulorum I H, C N ad C Z, H K, plus Q C B ad Q H B, plus A H B ad A C B: Sed ratio rectanguli Q C B ad Q H B eadem est quæ linearum Q C ad Q H, plus C B ad H B; ratio verò rectanguli A H B ad A C B eadem quæ linearum A H ad A C, plus H B ad C B. Quæ quidem ratio H B ad C B deftruit rationem linearum C B ad H B. Eft ergo momentum refiftentiæ Cunei hyperbolici in C ad momentum ejufdem in H, in ratione compofitâ rationum rectanguli I H, C N ad rectangulum C Z, H K, plus linearum Q C ad Q H, plus A H ad A C, (id eft, rectanguli Q C, A H ad rectangulum Q H, A C,) id eft, rectanguli fub lineâ compofitâ ex A B & A C in A H, ad rectangulum fub compofitâ ex eadem A B & A H in lineam A C. Quod erat demonftrandum.

PROPOSITIO DVODECIMA.

Fig. 11.
Tab. 8.

N E Q U E etiam ifta momentorum æqualitas in Trabe, per quadrantem Circuli aut Ellipfeos fectâ, reperietur. Nam fi fub femidiametris A F, A B quadrans Circuli aut Ellipfeos F N K B defcribatur, qui fecans Trabem A E producat Cuneum circularem aut ellipticum A F N K B G O D, fitque tota diameter B Q. Facilè oftendetur momentum refiftentiæ Cunei in C ad momentum ejufdem in H, effe ut rectangulum fub compofitâ ex totâ A B & ex parte A C in A H, ad rectangulum fub compofitâ ex totâ A B & ex parte A H in A C. Nam ratio momenti refiftentiæ Cunei elliptici feu circularis in puncto C ad momentum refiftentiæ ejufdem in puncto H, componitur ex rationibus quadrati C N ad quadratum H K, plus rectanguli A H B ad rectangulum A C B. Sed propter Circulum aut Ellipfim quadratum C N eft ad quadratum H K ut rectangulum Q C B ad rectangulum Q H B: Ergo ratio momenti refiftentiæ in C ad momentum in H, componitur ex rationibus rectanguli Q C B ad rectangulum Q H B, plus rectanguli A H B ad rectangulum A C B, id eft, (uti demonftratum eft ab aliis) ex rationibus rectanguli Q C B ad rectangulum A C B, plus rectanguli A H B ad rectangulum Q H B; id eft, (propter communes altitudines C B & H B) ex rationibus linearum A H ad Q H, plus Q C ad A C; quæ quidem faciunt rationem rectanguli A H, Q C ad rectangulum A C, Q H, feu rectanguli fub A H & compofitâ ex totâ A B & parte A C, ad rectangulum fub A C & compofita ex totâ A B & parte A H. Eft ergo momentum refiftentiæ Cunei circularis aut elliptici in C ad momentum ejufdem in H, ut rectangulum fub compofitâ ex A B & A C in A H ad rectangulum fub compofitâ ex A B & A H in A C. Quod erat demonftrandum.

Nunc verò (mi V V.) quanti æftimâris, fi quis eam te figuram edoceat, quâ non tertia quidem ponderis & molis portio auferatur, fed illa faltem non exigua, momenta verò refiftentiæ ubique in refiduo fuperfint æqualia? Illud puto, gratiffimum tibi erit, & tibi in mechanicis atque organicis affiduè verfanti, opis haud omninò contemnendæ. Sed quantò acceptius id erit tibi atque jucundius, quòd à viro tui amantiffimo, & qui te magnopere colit, id continget? Enimverò iis quæ in nos amici conferunt beneficiis, nexu duplici nos obligari par eft atque obftringi.

PROPOSITIO DECIMA-TERTIA.

A G E igitur, & quod fectioni parabolicæ, imò & hyperbolicæ, atque quadranti circuli aut ellipfeos, denegavimus; circulari profectò aut ellipticæ meritò concedamus: iftæ enim fectiones id prorsùs efficient, quod præftare Parabolam Galilæus perperam afferuerat.

Fig. 12.
13. Tab. 8.

Nam fi duabus lineis A G vel G B & G Q tanquam femidiametris, defcribatur femicirculus A Q B, fi eæ fint æquales; vel femiellipfis, fi fint inæquales; & per hanc vel illam Trabs A E fecundùm altitudinem ita fecetur, ut fiat Solidum circulare, vel ellipticum A Q B T R S: Ejus fanè momenta refiftentiæ erunt ubique æqualia, & quod pondus frangit in C Solidum utrinque fultum, illud etiam idem rumpet in H. Etenim momentum refiftentiæ in C Solidi five circularis five elliptici, eft ad

momentum

momentum refiſtentiæ ejuſdem in H, in ratione compoſitâ quadrati C N ad quadratum H K, & rectanguli A H B ad rectangulum A C B: Sed propter Circulum
aut Ellipſim quadratum C N eſt ad quadratum H K, ut rectangulum A C B eſt
ad rectangulum A H B: Ergo ratio momenti reſiſtentiæ Solidi in C ad momentum
ejuſdem in H, componetur ex rationibus rectanguli A C B ad rectangulum A H B,
& rectanguli A H B ad rectangulum A C B: Sed iſtæ rationes faciunt rationem
æqualitatis: Ergo momenta in C & H erunt æqualia. Et hoc in omnibus Solidi
punctis concludetur, unde patet ubique propoſitum.

Sic (mi VV.) petitioni tuæ ſatisfeciſſe me puto, niſi quòd hæc, quam ad te pau-
cis verbis ſcribere cogitaveram, in ingentem ac penè faſtidioſam molem, Epiſtola
creverit. Sed hæc omnia itâ exarare oportuit, tùm ut rem tibi gratam faciam, ſi
quidpiam boni tibi communicaverim, tùm etiam ut habeas, quòd amicè me ad-
moneas, ſi quid minùs cautè ſcripſerim. Quippe non mirum profectò fuerit, iiſdem
me in grumis ſcrupiſque collabi, in quos ipſe Galilæus impegerit. Quare etiam atque
etiam te rogo, ad me quamprimùm reſcribe quid ſentias, factis præſertim eâ quâ ſo-
les ſedulitate atque ſolertiâ experimentis. Ego verò non committam poſthâc ut de
meâ negligentiâ conqueraris. Vale. Datum Farræ Viromanduorum pridie Idus Sex-
tiles A. D. MDC. LVII.

SECOND DISCOURS,

O U

LETTRE AV S. B. POVR LA
réſolution de ſes doutes ſur les Propoſitions
du premier Diſcours.

MONSIEUR. Je vous ſuis parfaitement obligé du ſoin que vous avez pris, de
me donner part des remarques, qui ont eſté faites ſur une Lettre, que j'écrivis il y a quelques années à un de mes Amis en Suede, & dont je vous avois laiſ-
ſé une copie, ſur leſquelles il eſt bien raiſonnable que je vous éclairciſſe. Et pour
y répondre par ordre & ne vous y laiſſer aucun ſujet de douter, je veux premiérement vous faire reſſouvenir de ce que vous m'avez fait la grace de marquer, ou
faire marquer par vos amis, à la marge de mon écrit, à coſté des choſes que je n'y
avois pas aſſez clairement expliquées.

La premiére des remarques eſt ſur la ſeconde Propoſition, où je dis que les momens de la réſiſtance du Coin ou Priſme triangulaire F A B G, que je ſuppoſe eſtre
ſouſtenu ſur ſes deux extrémitez A & B, ſont entre-eux, comme les rectangles ſous
les parties alternes de la baſe A B; c'eſt à dire, que le moment de la réſiſtance
en C eſt au moment en H, comme le rectangle des parties A H, C B eſt au rectangle des parties A C, B H. Et pour le démontrer, je me ſers de ces termes, que je
rapporte en la Langue qu'ils ſont écrits, parce que les notes ſont auſſi Latines:

*Sed ratio momenti reſiſtentiæ Cunei in C ad momentum trabis in eodem C, eſt ex Galilæo, ut
quadratum C N ad quadratum C P ſeu A F, (id eſt, ut quadratum C B ad quadratum A B,)*

*componitur enim ex rationibus partium Solidi contentarum in ſuperficiebus C O & C I, quæ
ſunt inter ſe ut ſuperficies, id eſt, (propter communem altitudinem N O, I P,) ut lineæ C N, C P,
& ex ratione diſtantiarum actionis earumdem, quæ etiam ſunt ut eædem lineæ C N & C P.*

Sur quoy dans le texte l'on a tiré des lignes, & fait des petites Croix, ainſi qu'il ſe voit
icy. Et vis-à-vis de la premiére il eſt écrit à la marge, *Hoc falſum, eſt enim ut C N ad C P
ſeu A F, ex Galilæo.* Et à l'endroit de la ſeconde, *Hoc non conſideravit Galilæus, nec debet*

confiderari in refiftentiâ. Un peu plus bas, où je dis fur la mefme Propofition: *Et tandem ratio momenti refiftentiæ Trabis in H ad momentum refiftentiæ Cunei in eodem H, eft ut quadratum H M feu A F ad quadratum H K,* il y a à la marge, *Falfum ob eandem rationem.*

I I.
Fig. 3.
Tab. 8.

La feconde eft fur la troifiéme Propofition, où je dis: *Sed demonftrabitur ut fuprà momentum Cunei in C ad momentum ejufdem in G, effe in ratione compofitâ quadrati lineæ C N ad quadratum lineæ G Q, & rectanguli A G B ad rectangulum A C B.* Il y a à cofté, *Falfum, funt enim ut lineæ ut fuprà, & fic in fequentibus, quod ubique notandum. Hoc folummodò verum effet, fi non folùm trabs minueretur fecundùm unam dimenfionem, ut in cafibus Galilæi & Cenforis, ut patet ex omnibus ejus figuris, fed fecundùm duas dimenfiones: At nullus hunc cafum unquam inquifivit.*

I I I.
Fig. 2.
Tab. 8.

Dans la quatriéme Propofition, où j'explique la difference des momens de la réfiftance d'un Solide, que j'appelle Coin Parabolique, il y a à la marge: *Hæc & fequentia, in quibus aut dimidium, aut quadrans figuræ datur Trabi, fuperflua funt; cùm fatis pateat, quandoquidem trabs ex utraque extremitate fuftinetur æqualiter, debere ex utraque parte trabem, figuram uniformem habere, non verò ex unâ craffam, ex aliâ tenuem. Quare quæ de dimidiâ Parabolâ & Hyperbolâ, quæ de quadrante Circuli aut Ellipfeos adducit, inutilia funt; præterquamquod eodem femper Paralogifmo omnia laborant.*

I V.
Fig. 5.
Tab. 8.

Dans la fixiéme Propofition, où il eft parlé des momens de la réfiftance d'un Solide, que j'appelle Parabolique, il y a à cofté: *Hæc figura fuppofitis fupponendis eft ea quam affignare debebant & Galilæus & Cenfor, abftrahendo fcilicet à gravitate trabis, ut in hac omni inquifitione hypotheticâ abftrahi debet, alioquin fit Paralogifmus. Multa notanda forent pro reductione ad praxim, fi quis hæc aliter quàm hypotheticè vellet fumere, fecundùm enim materiæ diverfitatem pleraque falfa invenirentur, & vix ullius ufus hoc effe poteft, nifi in navibus, & aliis machinis, in quibus levitas confideranda foret.*

V.

A la fin de la douziéme Propofition, où je dis: *Nunc verò (mi VV.) quanti æftimaris, fi quis eam te figuram edoceat, quâ non tertia quidem ponderis aut molis portio auferatur, fed illa faltem non exigua.* L'on a écrit à cofté: *Tertia pars è verâ figurâ aufertur.*

V I.
Fig. 12.13.
Tab. 8.

Enfin, lors que je dis dans la derniére Propofition, que *Momentum in C five Elliptici five Circularis Solidi, eft ad momentum refiftentiæ in H, in ratione compofitâ quadrati C N ad quadratum H K & rectanguli A H B ad rectangulum A C B,* il y a encore à la marge, *falfum.* Et où je dis enfuite: *Ergo momenta in C & H erunt æqualia,* il y a encore, *falfum.*

Voilà, Monfieur, les Obfervations que j'ay trouvées dans l'écrit que vous m'avez renvoyé, & que j'ay marquées par nombres, afin de les fçavoir plus facilement diftinguer l'une de l'autre dans le difcours. Elles font veritablement judicieufes & importantes, & fi vray-femblables, qu'à moins de s'y appliquer ferieufement, & d'en faire une exacte difcuffion, il eft malaifé de les réfoudre, & de fe déveloper de l'embarras qu'elles vous ont produit.

Pour les traiter avec quelque ordre, il paroift que la 1. 2. 5. & 6. font celles qui contiennent le nœud de la difficulté, fur lefquelles il faudra par confequent que je m'étende un peu davantage que fur les autres. Car pour la 3. où l'on dit que toutes les Propofitions où je parle des Poutres, qui ne reçoivent que la moitié ou le quart de la figure, font fuperfluës, puis que l'on voit affez que la Poutre eftant foûtenuë par fes deux bouts, doit avoir une figure uniforme, & n'eftre pas groffe par une extrémité, & menuë par l'autre; en forte que tout ce que j'ay rapporté de la demy-Parabole, de la demy-Hyperbole, & du quart de Cercle, ou d'Ellipfe, eft abfolument inutile.

Il me femble que j'ay quelque droit de dire, que je ne vois pas bien qu'il paroiffe fi clairement comme vous dites, qu'une Poutre foûtenuë des deux bouts doive eftre de figure uniforme, puis, qu'à mon avis, deux murs fe peuvent rencontrer d'une inégale épaiffeur, & dont l'un feroit affez fort pour porter le plus gros bout d'une Poutre inégale; & l'autre plus foible ne pourroit fouffrir le poids que

d'un

d'un plus alegé : Et la queſtion pourroit cependant eſtre faite ſur cette hypotheſe ; Quels feroient les momens de la réſiſtance de cette Poutre , ſelon la difference de ſes parties ?

Outre qu'ayant eſté propoſé ſous une de ces figures par M. Galilée , ſçavoir ſous celle de la demy-Parabole, que j'ay appellée Coin Parabolique ; il eſtoit bien juſte que je parlaſſe des veritables proportions des momens de la réſiſtance de ce Solide, pour faire voir en quoi , & de combien il s'eſtoit équivoqué dans celles qu'il luy avoit attribuées.

Joint qu'enfin, ſi nous en croyons les anciens Maiſtres du Métier, c'eſt faire injure à la dignité des Sciences Speculatives, que de ne meſurer leur eſtime qu'à l'utilité que les Ouvriers en reçoivent, quand ils appliquent à la matiére , & avec les imperfections qui l'accompagnent inſeparablement , la ſubtilité de leur doctrine & de leurs démonſtrations.

Et pour la 4ᵉ remarque, où vous dites que le Solide Parabolique , duquel je parle dans ma 6ᵉ Propoſition , eſt celuy que nous devions avoir propoſé & M. Galilée & moy ; je n'ay rien à y répondre , puis qu'il paroiſt que j'y ay ſatisfait de ma part en le conſiderant, & que je ne ſuis pas reſponſable des faits de M. Galilée. Que ſi l'on dit que nous le devions rapporter tout ſeul, ſans parler aucunement des autres ; je me remets à ce que je viens de dire ſur la 3ᵉ Obſervation, & à ce qui ſera cy-deſſous expliqué ſur toutes les autres.

L'on dit enſuite qu'il faut faire abſtraction du propre poids du Solide dans toutes mes Propoſitions, comme dans celle de M. Galilée, puis qu'autrement il y auroit Paralogiſme. J'en demeure d'accord auſſi-bien que M. Galilée, qui s'en eſt aſſez fait entendre avant que d'entrer en cette matiére , quand il dit : *Quello che ricerca più ſottile ſpecolazione è quando aſtraendo d'alla gravità propria di tali Solidi, ci fuſſe propoſto di dover inveſtigare , ſe quella forza ò peſo che applicato al mezo d'vn Cilindro ſoſtenuto nelle eſtremità , baſterebbe à romperlo , potrebbe far l'iſteſſo applicato in qualſivoglia altro luogo più vicino all'vna che all'altra eſtremità.* Et comme je n'ay fait que marcher ſur ſes pas, j'ay crû que je pouvois librement ſuppoſer toute ſa doctrine , ſans eſtre obligé de remplir mon papier de ce qui ſe trouvoit pleinement expliqué dans ſon Livre.

Enfin, ſur ce que l'on ajoûte qu'il y auroit beaucoup de choſes à remarquer, ſi l'on vouloit mettre ces Propoſitions en pratique , & que la diverſité de la matiére y feroit trouver beaucoup de déconte : Comme c'eſt une plainte qui s'eſt faite de tout temps contre les Propoſitions Mathematiques , que l'imbecillité de la matiére ne peut jamais recevoir ny ſouffrir avec exactitude ; je me tiens à ce qui y a eſté répondu par les Grands Hommes des ſiécles paſſez , & à ce que l'experience nous enſeigne de la perfection des Arts , qui n'ont d'excellence, qu'autant que leurs Ouvrages ſe trouvent approcher de plus prés de la beauté des Idées, que les démonſtrations de la Theorie ont produites.

Je diray ſeulement , ſur ce que l'on a écrit, que toutes ces meditations ne peuvent gueres avoir d'autre uſage qu'aux Navires, & aux autres machines mobiles, où l'on recherche la legereté : Que cela n'eſt pas tout-à-fait le ſentiment de quelques perſonnes aſſez entenduës au Baſtiment, à qui je me ſouviens d'avoir ouï dire, que ſi ce n'eſtoit le ver qui ronge le bois, ils aimeroient beaucoup mieux ſe ſervir de Poutres de ſapin, dans les lieux où l'humidité n'eſt pas à craindre, que de celles de Cheſne, ſeulement parce que celles-là ne chargent pas tant les murailles que celles-cy.

Toutes les autres remarques , qui contiennent en effet le nœud de la difficulté, & qui ſont quaſi toutes d'un meſme ſens , & fondées ſur un meſme principe, diſent que les momens de la réſiſtance en un meſme point , tant de la Poutre que du Solide qui luy eſt inſcrit ſelon ſa hauteur, ne ſont pas entre eux, comme les Quarrez des lignes perpendiculaires à la baſe commune, compriſes & en l'une & en l'au-

Nn

tre, ainsi que je l'ay rapporté de M. Galilée, mais qu'ils sont seulement dans la raison de ces mesmes lignes ; c'est à dire, que les momens de la Poutre & du Solide Parabolique, par exemple en C, ne sont pas, selon Galilée, comme les Quarrez des lignes C P & C N, mais seulement comme ces mesmes lignes C P & C N : Puisque M. Galilée n'y a aucunement consideré la quantité des parties, qui se doivent separer l'une de l'autre, dans les surfaces C I & C O ; & qu'en cette sorte de résistances, on n'y doit avoir aucun égard. Qu'au reste, cela seroit bon, s'il se faisoit diminution de plus d'une dimension dans ces Solides, & non pas d'une seule, comme il paroist dans toutes mes Figures, personne n'ayant jamais recherché ce qui arriveroit en l'autre cas.

Sur quoi je dois vous dire premiérement, que quelque soin que j'aye pris de relire mon Galilée, je n'ay pas pû comprendre par aucun de ses raisonnemens, qu'il ait jamais eû la pensée (non pas mesme dans l'hypothese, que ses Solides soient fichez par un bout, & que le poids pende librement à l'autre) de dire que les momens de la résistance de la Poutre & d'un Solide inscrit, fussent en un mesme point entre eux, comme les lignes perpendiculaires à la base commune, comprises en l'un & en l'autre ; Puisque dans la démonstration qu'il fait du Prisme triangulaire, il dit bien que le moment de sa résistance en C est au moment de sa résistance en A, comme la ligne C B est à la ligne B A, ou comme C N est à A F ou C P ; Mais il ne dit pas que le moment de la résistance du Prisme triangulaire en C, soit au moment de la résistance de la Poutre A E au mesme point C, comme la ligne C N est à la ligne C P.

Et dans celle qu'il rapporte du Solide Parabolique, il n'a jamais voulu que le moment de sa résistance, par exemple en C, soit au moment de la résistance de la Poutre A E au mesme point C, comme la ligne C N est à la ligne C P : mais au contraire, que le moment de la résistance du Coin Parabolique en C, est à son moment en A, comme le quarré de C N est au quarré de A F ou C P ; puis qu'il ne peut pas autrement démontrer que les momens de la résistance en A & C, & par tout ailleurs, sont égaux, s'il ne suppose que la Composition des raisons de la résistance de A D & C O, & de leurs distances, (qui sont entre elles comme les moitiez des lignes A F & C N) est égale à la Composition des raisons de la mesme puissance pendante en B, & agissante tantost avec la distance A B, & tantost avec la distance C B, lesquelles sont entre elles comme les quarrez des lignes A F ou C P & C N.

Je dis mesme dans l'Hypothese de M. Galilée, qui veut par sa démonstration qu'en l'une & en l'autre des Figures, le Solide soit fiché dans la muraille par un bout, tantost en A & tantost en C ; & que l'autre extrémité B, à laquelle le poids est attaché, soit toûjours libre en l'air, sans estre aucunement soûtenuë. Bien loin de l'avoir dit dans l'autre supposition, qui veut que les Solides soient soûtenus par les deux extrêmes, & que la puissance agisse entre eux, ou qu'ils soient appuyez en quelque point entre lesdits extrêmes, sur lesquels la puissance fasse son effort : Et dans cette Supposition il n'a jamais rien dit d'approchant sur cette matiére.

Je ne sçay pas aussi sur quel fondement l'on a pû dire que M. Galilée n'a jamais consideré dans la résistance les parties qui se doivent separer l'une de l'autre dans les surfaces C I & C O, puis qu'il n'y a rien qu'il ait plus particuliérement expliqué.

Et il faut à ce propos que je vous avertisse en passant d'une difficulté qui se rencontre dans son premier Livre, où voulant enseigner une maniére tout-à-fait ingenieuse, pour sçavoir la mesure de la plus grande longueur à laquelle les Verges ou Cylindres de toutes sortes de grosseur & de matiére, se peuvent étendre sans se rompre d'eux-mesmes.

Piglisi (dit-il) per essempio vn fil di rame di qualsivoglia grossezza è lunghezza, è fermato un de i suoi capi ad alto, si vadia aggiungnendo all' altro maggior è maggior pezo,

si che

si che finalmente si strappi, è sia il peso massimo che potesse sostenere V.G. cinquanta libre. E'
manifesto che cinquanta libre di rame oltre al proprio peso, che sia per essempio un ottauo
d'oncia, tirato in filo di tal grossezza, sarebbe la lunghezza massima del filo che se stesso po-
tesse reggere. Misurisi poi quanto era lungo il filo che si strappò, è sia V.G. vn braccio. E'
perche peso vn ottauo d'oncia, è resse se stesso è cinquanta libre appresso che sono ottaui d'oncia
quattro mila ottocento : Diremo tutti i fili di rame di qualunche sia la lor grossezza, potersi
reggere sino à la lunghezza di quattro mila ottocento è vn braccio, è nò più.

La difficulté consiste, en ce qu'il ne se voit pas bien clairement qu'il ait dû, d'une experience singuliére, sur un fil d'une grosseur déterminée, tirer une consequence si génerale qu'il a faite par ces mots, *Diremo tutti i fili di rame*, &c. Ce qui est pourtant veritable, parce que tous ces fils ou Cylindres estans de mesme longueur, ils sont entre eux comme leurs bases, & partant les poids qui sont entre eux comme les Cylindres seront en la mesme raison de leurs bases ; mais les résistances sont aussi en mesme proportion des bases ; donc les poids & les résistances seront en mesme raison, & les poids seront à leur résistance, chacune à la sienne, en mesme proportion : Mais l'un de ces poids est supposé égal à sa résistance par la construction ; Donc tous les autres poids seront aussi égaux à la résistance de leurs Cylindres, prise en la maniére qu'ils se répondent l'un à l'autre.

Mais laissant ce discours, qui sera beaucoup mieux éclairci dans la suite, il faut maintenant venir au fait, & vous bien faire connoistre deux choses ; la premiére, que j'ay eû juste sujet de dire que M. Galilée a pû s'estre laissé surprendre, non pas en démontrant, selon son hypothese, que les momens de la résistance de son Solide Parabolique en tous ses points sont égaux, & que ce qui reste de la Poutre aprés que ce Solide en est osté, fait justement la troisiéme partie de la Poutre ; mais en ce qu'ayant fort bien démontré l'une & l'autre de ces deux propriétez dans un Solide fiché par un bout & l'autre libre, il a crû qu'il pouvoit en attribuer la premiére au mesme Solide lors qu'il seroit soûtenu par ces deux bouts.

L'autre, que j'ay legitimement démontré les veritables propriétez des Solides, que j'ay considerez dans mon Livre, & que je n'ay fait aucun Paralogisme, quand j'ay supposé de la doctrine de M. Galilée, que les momens de la résistance du Solide inscrit & de la Poutre en un mesme point, lors que l'un & l'autre estoient soûtenus par les deux bouts, sont entre eux comme les quarrez des lignes perpendiculaires à leur base commune, comprises en l'un & en l'autre.

Et pour vous oster tout scrupule sur ces deux choses, il faudra vous rapporter plusieurs passages du Livre de M. Galilée, afin que vous n'ayez pas la peine de les y aller chercher, & vous entretenir un peu au long de sa doctrine, & de ses Propositions sur le sujet present de la résistance des Solides.

Il tire donc ses premiéres Idées de la confusion où se trouvent ordinairement les Ouvriers, qui ne rencontrant pas dans les grandes Machines, des effets proportionnez à ceux que les petites Machines, semblables aux premiéres, ont accoustumé de produire ; & voyant au contraire que les plus vastes, & celles, dont les piéces qui la composent, sont de plus grande étenduë, ont beaucoup moins de force pour résister aux insultes des accidens du dehors, à proportion que les plus petites & celles dont les membres sont plus resserrez, quoy qu'ils soient entre eux en la mesme raison que les parties des plus grandes ; Ils en rapportent la cause à l'inégalité de la matiére, & à l'imperfection de l'Art, comme si des causes si foibles pouvoient suffire à la production des effets si differens, & d'une si énorme difformité.

Mais M. Galilée considerant la chose d'une autre maniére, & aprés une meditation, comme il dit de plusieurs années, a crû à la fin en avoir trouvé les veritables raisons ; & argumentant à la façon des Geometres, & sur les anciens principes de la Mechanique, il est le premier qui ait fait connoistre, que les résistances des Solides, c'est à dire, la force qu'ils ont d'eux-mesmes à soûtenir leur propre

Oo

poids, & réfifter à la violence des coups du dehors, ne marchoient pas entre elles avec les mefmes proportions que les Gravitez des mefmes Solides : & que celles-cy s'augmentant en la raifon, & à mefure que les corps pefans d'une mefme matiére s'agrandiffent; la réfiftance au contraire fuivoit une bien moindre proportion, & elle fe trouvoit beaucoup affoiblie dans les grands corps, & bien moins capable de foûtenir des efforts, qu'elle n'eftoit à proportion dans les moindres.

Je ferois trop long, fi je voulois vous raconter tout ce qu'il a admirablement écrit fur cette matiére : auffi je me contenteray de vous rapporter ce qui fait à mon fujet, & vous dire premiérement; Que fuppofant, par exemple, un Cylindre attaché en haut par un de fes bouts, & un poids pendant à l'autre, qui foit petit à petit augmenté de telle forte qu'il devienne à la fin affez fort pour rompre le Cylindre : Ce poids que j'ay fuppofé le plus grand de tous ceux que le Cylindre puiffe foûtenir

A. fans fe rompre, joint au propre poids du Cylindre, s'appelle par M. Galilée, *La mefure de la réfiftance abfoluë de ce Cylindre*, laquelle confifte en la tenacité & attachement des parties contenuës dans les furfaces qui fe doivent feparer l'une de l'autre par la rupture, & en l'effort que chacune fait en particulier pour demeurer liée & adherente à fes voifines.

En fuite il dit, que fi un Cylindre ou Prifme eft fiché par un bout perpendiculairement dans une muraille qui foit à plomb, & qu'à fon autre bout on attache le plus grand poids qu'il puiffe foûtenir fans fe rompre, (faifant abftraction de la pro-

B. pre Gravité du Cylindre) ce poids s'appelle, *La mefure du moment de la réfiftance du Cylindre en cette pofition*; & la réfiftance abfoluë eft à ce moment de la réfiftance, comme la longueur du Cylindre eft à la moitié du diametre de la bafe.

Fig. 14.
Tab. 8.

De plus, pour démontrer que les momens de la réfiftance des Prifmes ou Cylindres de mefme longueur & de differente groffeur, comme A & B, fichez, comme il a efté dit cy-deffus, dans une muraille, font entre eux comme les Cubes des dia-

C. metres de leurs bafes CD, EF, il fe fert de ces mots : *Imperò che fe confideriamo l'affoluta è femplice refiftenza che rifiede nelle bafi, cioè nè i cerchi EF, CD; all'effere ftrappati facendogli forza col' tirargli per dritto, nò è dubbio che la refiftenza del Cilindro B è tanto maggiore che quella del Cilindro A, quanto il cerchio EF è maggiore del CD, perche tanto più fono le fibre, i filamenti ò le parti tenaci che tengono vnite le parti de i folidi. Mà fe confideriamo che nel far forza per trauerfo ci feruiamo di due leue, delle quali le parti ò diftanze doue fi applicano le forze fono le linee DG, FH ; i foftegni fono ne i punti DF: Mà le altre parti ò diftanze doue fon pofte le refiftenze, fono i femidiametri de i cerchi DC, EF; perche i filamenti fparfi per tutte le fuperficie de i cerchi, è come fe tutti fi riduffero ne i centri. Confiderando, dico, tali leue, intenderemo la refiftenza nel centro della bafe EF contro alla forza di H, effere tanto maggiore della refiftenza della bafe CD contro alla forza pofta in G, (è fono le forze in G & H di leue eguali DG, FH) quanto il femidiametro FE è maggiore del femidiametro DC : Crefce dunque la refiftenza all'effere rotta nel Cilindro B fopra la refiftenza nel Cilindro A, fecondo amendüe le proportioni de i cerchi EF, DC è de i lor femidiametri, &c.* c'eft à dire, en raifon triplée des diametres.

Ce que j'ay bien voulu vous rapporter tout au long, pour faire voir que M. Galilée a toûjours confideré dans les momens de la réfiftance des Solides, & les parties contenuës dans les furfaces qui doivent eftre feparées, & la diftance de leur action ; ne voulant pas m'arrefter prefentement à vous expliquer à fonds cette propofition, qui prife en un fens & crûëment, eft paralogiftique ; me réfervant à vous en entretenir plus au long une autrefois, d'autant plus volontiers, que cette réflexion ne fait rien du tout à noftre fujet.

Monfieur Galilée rapporte par aprés quantité de merveilleufes propriétez des Cylindres de toutes fortes de groffeur & de longueur, égaux & inégaux, femblables & diffemblables; & toûjours dans la mefme hypothefe, qu'ils foient attachez par un bout à un mur, & que l'autre s'étende librement en l'air, fans eftre foûtenu d'aucune chofe.

Aprés

Aprés quoy il entre en une autre confideration à leur égard; & recherchant ce qui arrive aux Cylindres foûtenus fur les deux bouts, ou fur un point pris entre les extrémitez, il dit : *Che il Cilindro che gravato dal' proprio pefo fara ridotto alla maffima lunghezza oltre alla quale più non fi fofterrebbe, ò fia retto nel mezzo da vn fol foftegno, ò verò di due nell'eftremità potra effer lungo il doppio di quello che farebbe fitto nel muro, cioè foftenuto in vn fol termine. Il che per fe fteffo è affai manifefto, perche fe intenderemo del Cilindro ch'io fegno ABC, la fua metà AB effere la fumma lunghezza potente à foftenerfi ftando fiffa nel termine B, nell'ifteffo modo fi fofterrà fe pofita foprà il foftegno G fara contrapefata d'all'altra fua metà BC. E' fimilmente sè del Cilindro DEF la lunghezza fara tale, che folamente la fua metà poteffe foftenerfi fiffa nel temine D, è in confequenza l'altra EF fiffa nel termino F, è manifefto che pofti i foftegni HI fotto le eftremità DF, ogni momento che fi aggiunga di forza ò di pefo in E, quiui fi farà la rottura.* D.

Fig. 15.
Tab. 8.

Et paffant outre par fes meditations, il recherche, en faifant abftraction du propre poids des Cylindres, quelle proportion les puiffances ont entre elles, qui peuvent rompre les Cylindres, appuiez fur les deux extrêmes & faifant leur effort fur le milieu, ou fur un autre point qui foit plus proche d'un bout que de l'autre. Sur quoy il démontre que ces puiffances, qu'il appelle autrement les momens de la réfiftance du Cylindre, font entre elles en proportion reciproque des rectangles faits des parties du cofté, contenuës entre les extrémitez & le point où les puiffances agiffent; c'eft à dire, qu'au Prifme ou Cylindre A B, foit qu'il foit foûtenu tantoft en C, & tantoft en D, & que la puiffance agiffe des extrêmes A & B ; foit qu'il foit foûtenu fous fes extrêmes A & B, & que la puiffance faffe fes efforts tantoft au point D, tantoft en C ; le moment de la réfiftance en D eft au moment de la réfiftance en C, comme le rectangle ACB eft au rectangle ADB. E.

Figures
16. 17.
Tab. 8.

D'où il paroift, dit-il, qu'en tout Prifme ou Cylindre, le moment de la réfiftance qu'il a dans fon milieu, eft le moindre de tous, & que ces momens s'augmentent toûjours à mefure qu'ils s'éloignent du milieu, & qu'ils approchent de l'un ou de l'autre des extrêmes, & que *nelle traui grandiffime è graui fe ne potrebbe leuar nò piccola parte* F.
verfo l'eftremità con notabile allegerimento di pefo, che ne i trauamenti di grandi ftanze, farebbe di commodo è vtile non piccolo. E' bella cofa farebbe il ritrouar quale figura deurebbe hauer quel tal folido, che in tutte le fue parti fuffe egualmente refiftente, tal che nò più facile fuffe ad effere rotto da vn pefo che lo premeffe nel mezzo che in qualfiuoglia altro luogo.

Aprés quoy il dit immediatement, que comme il a démontré que la réfiftance du Prifme Quadrangulaire DB dans fon extrémité AD contre une force agiffante Fig. 1.
en B, eft à fa réfiftance en CI contre la mefme puiffance en B, comme la ligne CB Tab. 3.
eft à la ligne AB, c'eft à dire, comme CN eft à AF. Et qu'au Prifme Triangulai- G.
re infcrit FABGD, la réfiftance en AD contre la force en B, eft (ainfi qu'il le démontre en ce mefme endroit) à fa réfiftance en CO contre la mefme force en B, comme la ligne AB eft à CB, ou comme AF eft à CN : *Habbiamo dunque (dit-il) nel trane ò Prifma DB leuatone una parte, cioè la metà fegandolo diagonalmente, è lafciato il Cuneo ò Prifma triangolare FBA ; è fono due folidi di conditioni contrarie, cioè quello tanto più refifte quanto più fi fcorcia, è quefto nello fcorciarfi perde altrettanto di robuftezza. Ora ftante quefto per ben ragioneuole, anzi pur neceffario che fe gli poffa dar vn taglio, per il quale togliendo via il fuperfluo rimanga vn folido di figura tale, che in tutte le fue parti fia egualmente refiftente.*

Et puis il démontre fort bien en fuite, que fi la Poutre DB eft coupée par une Fig. 2.
ligne Parabolique FNB, qui faffe le Solide infcrit FABG, fa réfiftance en AD con- Tab. 3.
tre la force en B, fera égale à la réfiftance en CO contre la mefme puiffance en B, & ainfi par tout ailleurs. *Di qui fi vede*, dit-il, *come con diminuzione di pefo di più di* H.
trenta trè per cento, fi poffon fare i trauamenti fenza punto diminuir la loro gagliardia, il che ne i nauigli grandi in particolare per reggere le coperte puo effere d'vtile non piccolo, attefo che in cotali fabriche la legerezza importa infinitamente. Sagr. *Le vtilità fon tante che lungo ò impoffibil farebbe il regiftrarle tutte.*

P p

PROBLEME QUATRIÉME.

Ce font-là les paffages du Livre de M. Galilée, dont j'avois befoin pour mon fujet, que j'ay cottez par lettres Capitales, & d'où vous pouvez facilement connoiftre qu'il a crû que les Poutres & les Solides triangulaires, dont il a recherché les propriétez, devoient eftre foûtenus par les deux extrêmes, & fouffrir l'effort des puiffances preffantes fur differentes parties entre les bouts, puifque les textes cottez **F** & **H** vous empefcheront d'en douter, auffi-bien que tout le raifonnement qui les précede.

Et que néantmoins dans la démonftration qu'il en a faite, il les a abfolument fuppofé fichez par un bout & libres par l'autre, puifqu'il dit clairement, que dans le Prifme D B la réfiftance en A D contre une force en B, eftoit à la réfiftance en C I contre la mefme puiffance en B, comme la ligne C B eft à la ligne A B. Ce qui dans cette hypothefe peut eftre démontré de cette maniére : Et fuppofé ce qui a efté enfeigné par d'autres ; Que fi deux raifons ont un mefme antecedent, elles feront entre elles comme reciproquement les termes confequens. Maintenant, la réfiftance eftant la mefme dans les furfaces A D & C I ; les raifons de la réfiftance A D contre une force en B agiffante avec la diftance A B, & de la réfiftance C I contre la mefme force en B agiffante avec la diftance C B, auront un mefme antecedent, fçavoir cette réfiftance A D ou C I; & partant elles feront entre elles comme reciproquement les termes confequens ; c'eft à dire, que la réfiftance A D contre une force en B, fera à la réfiftance C I contre la mefme force en B, comme la force en B agiffante avec la diftance C B, eft à la mefme force en B agiffante avec la diftance A B. Mais comme dans ces momens la force eft la mefme, ils feront comme les diftances de leur action , c'eft à dire, comme la ligne C B à la ligne A B : Donc la réfiftance en A D contre une force en B, fera à la réfiftance en C I contre la mefme force en B, comme la ligne C B eft à la ligne A B.

Que fi quelqu'un vouloit foûtenir avec opiniaftreté, que M. Galilée a fuppofé dans fa démonftration que le Prifme D B fut foûtenu par fes deux extrêmes, il ne faudra que prendre un autre point comme H, & dire en cette maniére: Le moment de la réfiftance en C du Prifme D B, eft au moment du mefme Prifme en A, comme A B eft à C B par l'hypothefe de la démonftration de M. Galilée ; & par la mefme raifon le moment en A eft au moment en H, comme la ligne H B eft à A B : Donc par égalité le moment de la réfiftance en C du Prifme D B foûtenu fur fes deux bouts, fera au moment en H, comme la ligne H B eft à C B. Mais par une autre démonftration cottée cy-deffus par la lettre E, il a fait voir dans la mefme hypothefe que la réfiftance du Prifme D B en C eftoit à la réfiftance en H, comme le rectangle A H B eft au rectangle A C B : Donc le rectangle A H B fera au rectangle A C B comme la ligne H B eft à la ligne C B ; ou , en prenant A C pour hauteur commune, comme le rectangle A C, H B au rectangle A C B: & par confequent le rectangle A C, H B fera égal au rectangle A H B, & la ligne A C égale à la ligne A H, la partie au tout. Ce qui eft abfurde.

J'ay donc eû raifon de dire que la démonftration de M. Galilée ne convient pas à fa fuppofition ; & qu'encore qu'il eût fort bien démontré que certaines propriétez appartiennent aux Solides fichez par un bout, & libres par l'autre , il n'a pas eû pour cela aucun droit de dire qu'elles deûffent eftre énoncées des mefmes Solides qui feroient foûtenus par les deux bouts.

Pour la folution de l'autre difficulté que j'ay gardée pour la derniére, parce que c'eft celle de laquelle il paroift que l'on doute le plus, puis qu'en toutes les propofitions où elle eft fuppofée, l'on la traitte de faux & de paralogifme. Je veux dire , pour démontrer que les momens de la réfiftance en un mefme point de la Poutre & du Solide, qui luy eft infcrit felon fa hauteur , font entre eux comme les quarrez des lignes perpendiculaires fur leurs bafes communes, qui font comprifes en l'vne & en l'autre, c'eft à dire, comme les quarrez de leurs hauteurs au mefme point.

Il faut premiérement se souvenir, ainsi qu'il est dit dans le discours cotté cy-dessus par la lettre B, que la résistance absoluë d'un Prisme fiché perpendiculaire-ment par un de ses bouts dans un mur, est au moment de la résistance du mesme Prisme en cette situation, (faisant abstraction de la Gravité) comme la longueur du Prisme est au demidiametre de sa base.

Secondement, Que les résistances absoluës des Solides semblables & de mesme matiére, sont entre elles comme leurs bases ; comme il est dit au discours cotté A.

Troisiémement, Qu'un Cylindre ou Prisme, au texte cotté D, reçoit les mesmes propriétez pour sa résistance, soit qu'il pose sur ses extrêmes & que la force agisse en differens endroits entre les bouts, ou qu'il s'appuie en quelque part entre ses bouts & que la puissance fasse son effort sur les extrêmes ; puisque c'est de cette sorte que M. Galilée l'a entendu, & qu'il s'en est clairement expliqué dans les dis-cours rapportez cy-dessus au mesme texte D.

Joint que sa proposition, par laquelle il démontre au texte cotté E, que les mo-mens en D & C du Prisme ou Cylindre AB, aux extrémitez duquel A & B, les poids ou puissances agissent, & qui est appuyé tantost en D, tantost en son milieu C, sont entre eux comme le rectangle ACB est au rectangle ADB: Cette proposition, dis-je, se peut aussi, suivant son mesme raisonnement, démontrer dans l'autre hypothese, qui veut que le Prisme ou Cylindre soit soûtenu en A & B, & que les poids & les puissances agissent tantost en D, tantost en C: Car supposant le poids F, qui est égal à la résistan-ce en D, estre divisé en deux parties I & H, de telle sorte que I soit à H, comme la ligne DB est à la ligne DA, (afin que le poids I soit égal au moment de la résistance du Prisme AD fiché en A, & le poids H égal au moment de la résistance du Pris-me DB fiché en B); & le poids E, qui est égal à la résistance en C, estre divisé en deux moitiez, dont l'une soit G; le poids E sera au poids F, c'est à dire, la résistance en C à la résistance en D, en raison composée du poids E au poids G, du poids G au poids H, & du poids H au poids F. Mais le poids E est au poids G, comme la ligne AB est à CB ; le poids G est au poids H, comme la ligne DB est à CB ; & le poids H est au poids F, comme la ligne AD est à AB: Donc le poids E se-ra au poids F, en raison composée de la ligne AB à la ligne CB, de la ligne DB à la ligne CB, & de la ligne AD à la ligne AB : Mais les raisons des lignes AD à AB & AB à CB, sont égales à la raison de la ligne AD à CB: Donc la raison du poids E au poids F, ou du moment en C au moment en D, sera composée des raisons de AD à CB & de BD à CB ; c'est à dire , comme le rectangle ADB au quarré CB, ou au rectangle ACB.

Quatriémement, Il est bon de prendre garde qu'en matiére de résistance des So-lides, où l'on fait abstraction de leur propre gravité, la variété de leurs figures ne fait effet qu'en tant qu'elles déterminent plus ou moins la distance de l'action de la puissance qui agit contre la résistance, & la grandeur de la surface où se doit faire la rupture, laquelle contient plus ou moins de parties, qui se doivent separer. Je veux dire , que dedans le Solide ABE, le moment de la résistance en C, n'est aucune-ment alteré, quelque irregularité de figure que l'on donne au Solide, comme celle de APXB; pourveû que le point C, soit toûjours en tous les cas, distant en la mes-me maniére des extrêmes A & B, & que la surface CPI, qui contient les parties qui doivent estre divisées l'vne de l'autre, soit toûjours la mesme. Et cela est à mon avis assez facile à comprendre, puisque des deux choses, en quoi les Solides sont dif-ferens l'un de l'autre , comme sont leurs formes ou figures & leurs propres poids, l'une n'entre point en consideration dans les momens de la résistance, & il est fait abstraction de l'autre. Et les deux choses au contraire sur qui roulent toutes les rai-sons des résistances, c'est à dire, la longueur des leviers, & la quantité & situation des parties résistantes, dans les surfaces où la rupture se doit faire, y demeurent éga-les, ou plûtost les mesmes en tous les cas.

Qq

En sorte que l'on pourra facilement juger, que pour déterminer le moment de la résistance en C du Solide difforme A P X B, il suffira de faire connoistre celuy du Prisme A E au mesme point C, dont la longueur A B est commune, aussi-bien que la surface C P I, qui est perpendiculaire à la ligne A B, & où se doit faire la rupture sur le point C.

Cinquiémement, Puisque par le discours de M. Galilée cotté cy-dessus D, il paroist qu'un Prisme, soûtenu par ses deux bouts ou seulement en son milieu, & qu'on suppose étendu jusqu'à sa plus grande longueur, sans qu'il se rompe de son propre poids, est le double de celuy, qui n'estant fiché que par un bout, sera aussi *Fig. 19.* alongé autant qu'il se peut sans se casser. Comme si le Prisme A B, soûtenu sur son *Tab. 8.* milieu C, est supposé estre étendu en sa plus grande longueur, sans qu'il se rompe en cette situation ; il est, dit M. Galilée, le double du Prisme C B, qui attaché par un de ses bouts en C, sera aussi étendu autant qu'il le puisse estre pour se soûtenir : Puisqu'en cette hypothese le contrepoids que fait toute la partie A C pour tenir en équilibre le Prisme C B, fait à son égard le mesme effet que si le susdit C B estoit fiché dans le mur en C, ne pouvant pas se mouvoir sur le point C, tant en l'un qu'en l'autre cas, sans se rompre.

Maintenant, si nous prenons la moitié du costé C B comme C E, & faisant abstraction de sa propre Gravité, que nous supposerons estre entiérement ostée ; si nous appliquons en E le poids I, qui soit égal à toute cette gravité du Cylindre C B; il est constant qu'il fera le mesme effet qu'auparavant : Et si prenant tout autre point comme D, nous y mettons le poids K, qui soit au poids I, comme la ligne C E est à la ligne C D; il est encore manifeste que les choses demeureront au premier estat, & que le poids K agissant en D avec la distance C D, sera égal à la résistance du Prisme C D contenuë dans la surface C P, soit que le Prisme C D soit fiché dans le mur en C, soit qu'il soit arresté sur le point C par le Prisme C A qui luy contrepese : Et que si l'on prend la ligne C F égale à C D, & le poids L égal à K, après avoir aussi fait abstraction de la propre Gravité du Prisme C A & C F, il arrivera encore la mesme chose : Et par consequent, comme le poids K est la mesure du moment de la résistance du Prisme D C attaché en C, les deux poids égaux K & L seront aussi la mesure du moment de la résistance du Prisme F D appuié en C, lorsque les puissances sont en D & F, ou appuié en D & F, lorsque la puissance est en C.

Or est-il que, par la proposition de M. Galilée que nous avons rapportée cy-dessus sous la lettre B, la résistance absoluë, qui est la mesme aux Prismes F D & C D, est au moment de la résistance du Prisme C D, comme la ligne C D est à C G demidiametre de la base ; & le moment de la résistance du Prisme C D, est au moment du Prisme ou Cylindre F D, comme la ligne C G est à la ligne C P, (le moment de C D égal au poids K, estant la moitié du moment de F D qui est égal aux deux poids K & L, comme C G demidiametre de la base est la moitié du diametre C P:) Donc, par égalité, la résistance absoluë sera au moment de la résistance du Prisme F D soûtenu en C, comme la ligne C D est au diametre C P. Ce qu'il faut remarquer.

Fig. 20. Voyons à présent ce qui arrive aux Prismes de mesme longueur & largeur, & *Tab. 8.* qui ne different qu'en leur hauteur : C'est à dire, pour me servir de vos termes, dans lesquels il ne se fait diminution que d'une seule dimension: Comme A B F E & A B Q L, dont les longueur A B & largeur P I ou N O sont égales, mais les hauteurs C P & C N sont inégales : Je dis que le moment de la résistance du Prisme A E dans son milieu C, est au moment du Prisme A L dans le mesme point C, en mesme raison que le quarré de la ligne C P est au quarré de la ligne C N. Car la raison du moment de la résistance en C du Prisme A E, au moment de la résistance en C du Prisme A L, est composée des raisons du moment en C du Prisme A E à sa résistance absoluë, de la résistance absoluë du Prisme A E à la résistance absoluë du

Prisme

Prifme A L, & de la réfiftance abfoluë du Prifme A L au moment de fa réfiftance
en C: Mais il vient d'eftre enfeigné cy-deffus, que le moment de la réfiftance en C
du Prifme A E eft à fa réfiftance abfoluë, comme le diametre C P eft au cofté
C B; & la réfiftance abfoluë du Prifme A E, par ce qui a efté cy-deffus rapporté de M. Galilée fous la lettre C, à la réfiftance abfoluë du Prifme A L, comme
la furface C I eft à C O, c'eft à dire, comme la ligne C P eft à C N; & la réfiftance abfoluë du Prifme A L eft au moment de fa réfiftance en C, comme le cofté C B eft au diametre de la bafe C N. Donc la raifon du moment de la réfiftance
en C du Prifme A E, au moment en C du Prifme A L, fera compofée des raifons
du diametre C P au cofté C B, de la ligne C P à la ligne C N, & du cofté C B
au diametre C N: Mais les raifons de C P à C B & C B à C N font égales à la
raifon de C P à C N. Donc la raifon du moment A E en C au moment de A L
en C, fera compofée des raifons de la ligne C P à C N & C P à C N, c'eft à dire, comme le quarré de C P au quarré de C N.

Je dis bien davantage; que fi l'on prend quelqu'autre point que ce puiffe eftre
comme H, le moment de la réfiftance du Prifme A E au point H, fera encore
au moment de la réfiftance du Prifme A L au mefme point H, comme le quarré
de H M ou C P au quarré de H K ou C N. Car la raifon du moment de la réfiftance du Prifme A E au point H, au moment de la réfiftance du Prifme A L au
mefme point, eft compofée des raifons du moment de A E en H, au moment du
mefme A E en fon milieu C; du moment du Prifme A E en C, au moment du
Prifme A L au mefme point C; & du moment du Prifme A L en C, au moment
du mefme Prifme A L au point H. Mais le moment de la réfiftance du Prifme
A E au point H, eft au moment du mefme Prifme A E en C, comme le rectangle A C B eft au rectangle A H B; le moment de la réfiftance du Prifme A E en C,
eft au moment du Prifme A L en C, comme le quarré du diametre P C, eft au quarré du diametre C N; & le moment de la réfiftance du Prifme A L en C, eft à fon
moment en H, comme le rectangle A H B au rectangle A C B. Donc la raifon du
moment de la réfiftance du Prifme A E en H, au moment de la réfiftance du Prifme A L au mefme point H, fera compofée des raifons du rectangle A C B au rectangle A H B, du quarré P C au quarré C N, & du rectangle A H B au rectangle A C B. Mais la raifon de A C B à A H B détruit celle de A H B à A C B. Il
ne refte donc plus que la raifon du quarré P C au quarré C N ou du quarré H M
au quarré H K, à laquelle foit égale la raifon du moment de la réfiftance du
Prifme A E au point H, au moment de la réfiftance du Prifme A L au mefme
point H.

Maintenant, fi l'on entend un Solide, quel qu'il puiffe eftre, comme l'un de ceux
que nous avons confideré A K P B R I S, qui foit infcrit dans la Poutre A E, en *Fig. 20.*
forte qu'il foit de mefme longueur & largeur qu'elle, & qu'il paffe par le point K, *Tab. 8.*
par où il faut s'imaginer une autre Poutre A L; il paroift par les chofes démontrées cy-deffus, que le moment de la réfiftance de ce Solide infcrit au point H,
eft le mefme que le moment de la Poutre A L au mefme point; lequel eftant au
moment de la Poutre A E au point H, en la raifon du quarré de H K au quarré de H M; il s'enfuit que le moment de ce Solide infcrit en H, eft au moment
de la Poutre A E au mefme point, comme le quarré de H K à H M ou de C P
à C N, & non pas en mefme raifon que les lignes C P & C N, comme vous l'a-
vez marqué. Et que je n'ay point fait de Paralogifme, quand fur cette proportion
j'ay conclu que les momens des Solides Paraboliques, en quelque maniére qu'ils
foient infcrits dans la Poutre felon fa hauteur, ne font point égaux entre eux; &
que ceux du Demicercle & de l'Ellipfe le font en tous leurs points.

Je dis des Solides Paraboliques infcrits dans la Poutre felon fa hauteur, parce
que la mefme Poutre peut eftre coupée par une ligne Parabolique felon fa largeur, *Fig. 21.*
en forte qu'eftant foûtenuë par les deux bouts, les momens de la réfiftance foient *Tab. 8.*

R r

égaux en toutes ſes parties. Comme ſi la Poutre A E eſt coupée ſur ſa largeur G E par une Parabole G I F, dont l'axe ſoit la meſme largeur P I, le ſommet I & l'amplitude toute la longueur de la Poutre G F, & qui faſſe, dans la Poutre, le Solide Parabolique G I F B O A de meſme hauteur & longueur qu'elle.

Je dis que les momens de la réſiſtance de ce Solide Parabolique ſoûtenu ſur ſes extrêmes A & B, ſont par tout égaux; c'eſt à dire, que ſi ce Solide eſt rompu par une puiſſance ou un poids, agiſſant au point M ou H, il ſera rompu par la meſme puiſſance ou le meſme poids, qui ſera effort au point P ou C; & ainſi des autres.

Parce que le moment au point H du Solide Parabolique, eſt à ſon moment au point C, en raiſon compoſée de la raiſon du moment du Parabolique en H, au moment de la Poutre A C au meſme point H; de la raiſon du moment de la Poutre en H, à ſon moment en C; & de la raiſon du moment de la Poutre en C, au moment du Parabolique au meſme point C: Mais la raiſon du moment de la réſiſtance du Solide Parabolique au point H, au moment de la Poutre A E au meſme point H, eſt la meſme que celle des parties du Solide, qui ſe doivent ſeparer dans la ſurface H N, aux parties contenuës dans la ſurface de la Poutre H K; c'eſt à dire, comme la meſme ſurface H N, eſt à la meſme ſurface H K, ou comme la ligne M N à M K ou P I (à cauſe que les ſurfaces H N & H K ont une meſme hauteur H M:) Et la raiſon du moment de la Poutre en H, à ſon moment en C, eſt la meſme que celle du rectangle A C B au rectangle A H B; & la raiſon du moment de la Poutre en C, au moment du Solide Parabolique au meſme point C, eſt celle d'égalité; puiſque c'eſt le meſme moment en l'un & en l'autre, par ce qui a eſté dit cy-deſſus. Et partant le moment de la réſiſtance du Solide Parabolique en H, au moment du meſme Solide au point C, ſera en raiſon compoſée des raiſons de la ligne M N à la ligne P I, & du rectangle A C B au rectangle A H B. Mais par la propriété de la Parabole la ligne M N eſt à la ligne P I, comme le rectangle A H B eſt au rectangle A C B: Donc le moment de la réſiſtance du Solide Parabolique au point H, ſera au moment de la réſiſtance du meſme Solide au point C, en raiſon compoſée de celles du rectangle A H B au rectangle A C B, & du rectangle A C B au rectangle A H B, c'eſt à dire, en raiſon d'égalité. Et la meſme choſe pouvant eſtre concluë de la meſme maniére en tous les points de la baſe A B, il s'enſuit que les momens du Solide Parabolique ſont égaux, en quelque point que la puiſſance ou le poids agiſſent.

Fig. 22.
Tab. 8. La meſme choſe ſe peut encore démontrer d'un autre Solide Parabolique double C R X Q D P S O, qui ſera fait dans la Poutre A E, ſi ſa largeur G E eſt coupée par les deux Paraboles oppoſées en dedans D P S & D O S, dont les ſommets ſont aux points P & O, l'axe P O commun, auſſi-bien que l'amplitude D S; parce qu'en ce cas, & ſuppoſé que ce Solide ſoit ſoûtenu par ſes extrêmes Q & R : Je dis que les momens de ſa réſiſtance ſont par tout égaux.

Car ſi l'on entend que la puiſſance agiſſe au point K ou H, & puis au point N ou C; le moment de la réſiſtance du double Parabolique en H, ſera à ſon moment en C, en raiſon compoſée du moment du Parabolique en H, au moment du Priſme A E au meſme point H ou I; du moment du Priſme en I, à ſon moment en C; & du moment du Priſme en C, au moment du Parabolique au meſme point C. Mais la raiſon du moment du Solide Parabolique au point H, au moment de la Poutre A E au meſme point H ou I, eſt la meſme que celle de la ſurface H L à la ſurface I M, c'eſt à dire, (à cauſe de la commune hauteur F H) de la ligne H T ou F L à la ligne Z M ou P O; & la raiſon du moment de la Poutre A E en I à ſon moment en C, eſt la meſme que celle du rectangle A C B au rectangle A I B, c'eſt à dire, du rectangle D N S au rectangle D K S; & enfin la raiſon du moment de la Poutre en C, au moment du Solide Parabolique au meſme point C, eſt la raiſon d'égalité: Et partant la raiſon du moment de la réſiſtan-

ce

ce du Solide Parabolique au point H, au moment du mefme Solide au point C, fera compofée des raifons de la ligne FL à la ligne PO, ou, prenant les moitiez, de
la ligne FK à la ligne PN, & du rectangle DNS au rectangle DKS : Mais par
la propriété de la Parabole, la ligne FK eft à la ligne PN, comme le rectangle DKS eft au rectangle DNS : Donc le moment de la réfiftance du Solide Parabolique au point H, à fon moment au point C, fera en raifon compofée des raifons du rectangle DKS au rectangle DNS, & du rectangle DNS au rectangle DKS, c'eft à dire, en raifon d'égalité. Ce qui fe pouvant dire en la mefme
maniére de tous les points de la bafe du Solide Parabolique, on peut conclure
que les momens de la réfiftance font par tout égaux.

J'ay efté bienaife de vous rapporter les propriétez de ces Solides Paraboliques,
afin de vous avertir en mefme temps, que cette égalité de momens de leurs réfiftances, ne fait rien du tout au Theoreme de M. Galilée, qui eft toûjours faux en
la maniére qu'il l'a propofé, n'ayant jamais, en toutes fes figures & en tous fes
raifonnemens, confideré les fections ou coupes des Prifmes ou Poutres en autre
maniére que felon leur hauteur, & jamais felon leur largeur.

Et pour vous ofter le fcrupule qui vous peut refter fur cette matiére, en forte
que vous ne puiffiez plus douter, comme vous faites, qu'un fi grand Homme ait
pû fe méconter ; je veux vous faire voir encore quelques exemples, que j'ay tirez
de fes mefmes Dialogues méchaniques, qui me font peine, & que je fouhaiterois
avoir efté plus clairement expliquez par leur Auteur.

Le premier eft celuy dont je vous ay dit un mot cy-deffus au texte cotté C,
qui fait la 4. Prop. du 2. Dial. des Mech. où il dit, qu'aux Cylindres ou Prifmes de
mefme longueur, & de differentes groffeurs, les momens de la réfiftance croiffent
en raifon triplée des diametres de leurs bafes ; c'eft à dire, que le moment de la
réfiftance du Cylindre B, eft au moment de la réfiftance du Cylindre A, comme
le Cube de la ligne EF, eft au Cube de la ligne CD.

Ce qui ne peut pas eftre veritable, s'il ne fait abftraction du poids des Cylindres A & B, dont il ne parle pourtant point du tout ; au contraire, par la liai-
fon de cette Propofition avec la précedente, il femble que les momens de la réfiftance doivent eftre confiderez, dans cette Propofition, comme les momens du poids
ou de la puiffance font confiderez dans la 3ᵉ Prop. qu'il conclut en ces termes:
*Concludafi per tanto, i momenti delle forze de i Prifmi e Cilindri egualmente groffi, mà
difegualmente lunghi effer trà di loro in duplicata proporzione di quella delle lor lunghezze,
cioè effer come i quadrati delle lunghezze.*

*Monftreremo adeffo nel fegondo luogo, fegondo qual proporzione crefca la refiftenza all'effer
fpezzati ne i Prifmi è Cilindri, mentre reftino della medefima lunghezza, è fi accrefca la grof-
fezza. E' qui dico che (Prop. 4.) Ne i Prifmi è Cilindri egualmente lunghi, ma difegualmente groffi, la refiftenza all'effer rotti crefce in triplicata proporzione de i diametri delle lor
groffezze, cioè delle lor bafi.*

Ce qui fait voir que les momens du poids, ou de la puiffance, ayant efté confiderez, dans la 3ᵉ Prop., relativement au moment de leur réfiftance; les momens de
la réfiftance doivent, par la mefme raifon, eftre confiderez, dans la 4ᵉ Prop., avec
relation aux momens des puiffances.

Auquel cas, comme les momens des puiffances, dans la 3ᵉ Prop., font en raifon
doublée des coftez des Cylindres, à caufe que le moment de la réfiftance eft le
mefme en l'un & en l'autre; il faudroit de mefme, dans la 4ᵉ Prop., que les momens des poids des Cylindres de mefme longueur & de differente groffeur, fuffent
toûjours égaux, pour conclure que les momens de leurs réfiftances, font comme
les Cubes des diametres de leurs bafes.

Mais comme les momens des poids de ces Cylindres ne font point égaux, auffi
les momens des réfiftances ne croiffent pas, fur cette hypothefe, en la mefme raifon
que les Cubes des diametres de leurs bafes, mais feulement en celle des mefmes

diametres. Ce que je démontre en cette maniére, aprés avoir coupé les lignes D G & F H en deux également en K & L, aussi-bien que les deux C D & E F en M & I, & fait F N égale à D M.

La résistance absoluë du Cylindre A, est à la resistance absoluë du Cylindre B, comme la base C D est à la base E F : Et parce que les Cylindres sont de mesme longueur, ils seront aussi comme leurs bases, aussi-bien que leur poids ; & partant le poids du Cylindre A, sera au poids du Cylindre B, comme la résistance absoluë du Cylindre A, est à la résistance absoluë du Cylindre B. Maintenant, comme le centre de l'action de la résistance absoluë du Cylindre A, fiché dans le mur à angles droits, est au centre de la base M ; & le centre de l'action du poids du mesme Cylindre A est au point K, en sorte que la résistance absoluë résiste par la ligne D M, & le poids agit par la ligne D K: Si nous supposons que le centre de l'action de la résistance du Cylindre B soit au point N, comme le centre de l'action du poids du mesme Cylindre est au point L, en sorte que la résistance absoluë du Cylindre B, résiste par la ligne F N égale à la ligne D M, ainsi que le poids du mesme Cylindre B, agit par la ligne F L égale à la ligne D K ; il n'y aura, dans cette supposition, aucun changement aux raisons des poids ni des résistances ; & le moment de la résistance du Cylindre A en M, sera au moment de la résistance du Cylindre B en N, comme le moment du poids A en K, est au moment du poids B en L ; & en permutant, la raison du moment de la résistance du Cylindre A en M, au moment du poids du mesme Cylindre A en K, sera égale à la raison du moment de la résistance du Cylindre B en N, au moment du poids du mesme Cylindre B en L. Mais parce que le centre de l'action de la résistance du Cylindre B est au point I, centre de la base E F ; & le moment de la résistance au point I, est au moment de la résistance au point N, comme la ligne F I à la ligne F N, c'est à dire, D M ; ou prenant leurs doubles, comme le diametre E F est au diametre C D ; il s'ensuit que le moment de la résistance du Cylindre B en I, au regard du moment du poids B en L, est plus grand que le moment de la résistance du mesme Cylindre B en N, au regard du mesme poids B en L ; c'est à dire, (en prenant des raisons égales) plus grand que le moment de la résistance du Cylindre A en M, au regard du poids A en K ; en la mesme raison que le diametre E F est plus grand que le diametre C D : & par consequent que le moment de la résistance du Cylindre B au regard de son poids, s'est accrû sur le moment de la résistance du Cylindre A au regard de son propre poids, en la raison de l'accroissement du diametre de la base E F sur le diametre de la base C D, & non pas en la raison des Cubes de ses diametres. Ce qu'il falloit démontrer.

La mesme proposition se peut démontrer encore d'une autre maniére, aprés avoir fait que comme le diametre C D est au diametre E F, ainsi F L soit à F O.

La raison du moment de la résistance du Cylindre A en M, au moment de la résistance du Cylindre B en I, est composée de la raison de la base C D à la base E F, & de celle du demidiametre D M au demidiametre F I, ou de la ligne C D à la ligne E F. Et la raison du moment du poids du Cylindre A en K, au moment du poids B en O, est composée des mesmes raisons, sçavoir de celle du poids A au poids B, qui est égale à celle de la base C D à la base E F ; & de celle de la ligne D K ou F L à la ligne F O, qui par la construction est la mesme que celle de C D à E F: Donc le moment de la résistance du Cylindre A en M, sera au moment de la résistance du Cylindre B en I, comme le moment du poids du Cylindre A en K, est au moment du poids du Cylindre B en O: Et en permutant, le moment de la résistance du Cylindre A en M, sera au moment du poids A en K, comme le moment de la résistance du Cylindre B en I, est au moment du poids B en O.

Maintenant, par ce qui a esté démontré par d'autres, que si deux raisons ont un mesme antecedent, elles seront entre elles comme reciproquement les termes consequens ;

conſequens ; il s'enſuit que la raiſon du moment de la réſiſtance du Cylindre B
en I au moment du poids B en L; & la raiſon du meſme moment de la réſiſtance
du Cylindre B en I au moment du meſme poids B en O, ayans un meſme antecedent, ſçavoir le moment de la réſiſtance du Cylindre B en I ; elles ſeront entre elles comme réciproquement les termes conſequens , c'eſt à dire, que le moment de la réſiſtance du Cylindre B en I au regard du moment du poids B en L,
ſera au moment de la meſme réſiſtance du Cylindre B en I au regard du moment du poids B en O, comme le moment du poids B en O, eſt au moment du
meſme poids B en L, c'eſt à dire, comme la ligne BO eſt à la ligne BL, ou comme le diametre EF au diametre CD; & partant que le moment de la réſiſtance
du Cylindre B en I au regard du moment du poids B en L, ſera au moment de
la réſiſtance du Cylindre B en I au regard du moment du meſme poids B en O,
comme la ligne EF eſt à la ligne CD. Mais il a eſté montré cy-deſſus, que le
moment de la réſiſtance du Cylindre A en M au regard du moment du poids A
en K, eſtoit égal au moment de la réſiſtance du Cylindre B en I au regard du
moment du poids B en O. Donc le moment de la réſiſtance du Cylindre B en I
au regard du moment du poids B en L, ſera au moment de la réſiſtance du Cylindre A en M au regard du moment du poids A en K, comme le diametre EF
eſt au diametre CD. Ce qu'il falloit démontrer.

Au reſte, la verité du Corollaire qui ſuit la 4. Prop. & qui dit, que les réſiſtances ſont en raiſon ſeſquialtere des poids des Cylindres, n'en paroiſt pas moins, dans
cette hypotheſe de l'accroiſſement des réſiſtances en raiſon des diametres des baſes
des Cylindres par relation aux poids, que dans l'autre, où les réſiſtances s'augmentent en raiſon des Cubes des meſmes diametres; ſi l'on ſe ſouvient que les réſiſtances abſoluës & les poids croiſſent l'un & l'autre en raiſon doublée des diametres,
& que les diſtances de l'action des poids, eſtant les meſmes à cauſe de la meſme
longueur des Cylindres, le moment des poids ne s'augmente point : Mais les diſtances de l'action des réſiſtances s'augmentant en raiſon des diametres, à cauſe de
la difference des groſſeurs ; il s'enſuit qu'ajoûtant cette raiſon des diametres à celle
des réſiſtances abſoluës, c'eſt à dire, à celle des quarrez des meſmes diametres, il ſe
fera la raiſon triplée des diametres pour celle des momens des réſiſtances, qui par
conſequent eſt ſeſquialtere de celle des momens des poids, qui eſt demeurée doublée des meſmes diametres.

Ce que nous venons de dire de la 4. Prop. ſe peut encore aſſûrer de la 5. du meſme
Livre, laquelle dit, que *I Cilindri è Priſmi di diuerſa lunghezza, è groſſezza hanno le lor
reſiſtenze all'eſſer rotti di proporzione compoſta della proporzione de i Cubi de i diametri delle
lor baſi, e della proporzione delle lor lunghezze permutatamente preſe;* & qui ne peut eſtre
veritable, ſi l'on ne fait encore abſtraction du propre poids des Cylindres, dont
M. Galilée ne parle pourtant point du tout, non plus qu'aux précedentes, ny en
celles qui ſuivent. Puiſque ſi l'on conſidere les momens de la réſiſtance des Cylindres de differentes longueurs & groſſeurs rélativement aux momens de leurs
propres poids, elles ne ſeront pas, comme il dit, en raiſon compoſée de la proportion des Cubes des diametres de leurs baſes, & de celle de leurs coſtez pris réciproquement ; mais bien en raiſon compoſée de la proportion des diametres des
baſes, & de celle des quarrez des coſtez des Cylindres pris réciproquement. Ce Fig. 24.
que je démontre en cette maniére, & ſur la fig. de M. Galilée, qui fait la li- Tab. 5.
gne EG égale à BC.

La raiſon du moment de la réſiſtance du Cylindre A·C au regard du moment
du poids du meſme Cylindre AC, au moment de la réſiſtance du Cylindre DF au
regard du moment du poids du meſme Cylindre DF, eſt compoſée de la raiſon
du moment de la réſiſtance de AC au regard du moment du poids du meſme
AC, au moment de la réſiſtance du Cylindre DG au regard du moment du poids
DG, & de la raiſon du moment de la réſiſtance DG au regard du moment du

Tt

poids D G , au moment de la réfiſtance du Cylindre D F au regard du moment
du poids D F. Mais la raiſon du moment de la réfiſtance de A C au regard du
moment du poids de A C, au moment de la réfiſtance de D G au regard du moment du poids D G, eſt la meſme que la raiſon du diametre A B au diametre D E,
par ce qui a eſté démontré cy-deſſus ; & la raiſon du moment de la réfiſtance du
Cylindre D G au regard du moment du poids de D G, au moment de la réfiſtance du Cylindre D F au regard du moment du poids D F, eſt la meſme que celle
du quarré du coſté E F au quarré du coſté E G ou B C, ainſi que je le démon-
treray cy-deſſous. Et partant, la raiſon du moment de la réfiſtance du Cylindre
A C au regard du moment du poids A C, au moment de la réfiſtance du Cylindre D F au regard du moment du poids D F, ſera compoſée des raiſons du diametre A B au diametre D E, & du quarré du coſté E F au quarré du coſté B C.
Ce qu'il falloit démontrer.

Or pour faire voir que la raiſon du moment de la réfiſtance du Cylindre D G
au regard du moment du poids du meſme D G, au moment de la réfiſtance du
Cylindre D F au regard du moment du poids du meſme D F, eſt égale à celle
du quarré E F au quarré E G; je dis ainſi. Les raiſons des momens de la réfiſtance des deux Cylindres D G & D F aux momens de leurs poids, ayant un meſme
antecedent, ſçavoir le moment de la réfiſtance, qui eſt le meſme en tous les Cylindres de meſme groſſeur ; elles ſeront entre elles comme les termes conſequens
pris réciproquement, (par ce qui a eſté demontré par d'autres.) C'eſt à dire, que
la raiſon du moment de la réfiſtance du Cylindre D G au moment du poids du
meſme D G, ſera à la raiſon du moment de la réfiſtance du Cylindre D F au moment du poids du meſme D F, comme réciproquement le moment du poids du
Cylindre D F, eſt au moment du poids du Cylindre D G. Mais par la 2ᵉ Prop. de
M. Galilée , le moment du poids de D F, eſt au moment du poids de D G, comme le quarré du coſté E F, eſt au quarré du coſté E G: Donc le moment de la réſiſtance du Cylindre D G au regard du moment du poids du meſme D G, ſera
au moment de la réfiſtance du Cylindre D F au regard du moment du poids du
meſme D F, comme le quarré du coſté E F , au quarré du coſté E G ou B C.

Il y a encore une maniére de raiſonner, qui fait peine, dans ſon 3. Dial. où , après
avoir fort bien dit , *Motum æqualiter ſeu vniformiter acceleratum dico illum , qui à quiete recedens , temporibus æqualibus æqualia celeritatis momenta ſibi ſuperaddit.* Il fait un diſcours excellent pour l'explication de cette définition, contre laquelle en ſuite il ſe
fait faire une obieſtion, qu'il réſout en cette ſorte.

*Sagr. Per quanto per ora mi ſi rappreſenta all'intelletto , mi pare che con chiarezza forſe
maggiore ſi fuſſe potuto definire ſenza variare il concetto : Moto vniformemente accelerato eſſer quello nel quale la velocità andaſſe creſcendo ſegondo che creſce lo ſpazio che ſi và paſſando:
ſi che per eſſempio il grado di velocità acquiſtato dal mobile nella ſceſa di quattro braccia,
fuſſe doppio di quello ch'egli hebbe, ſceſo che fù lo ſpazio di due, è queſto doppio del conſe-
guito nello ſpazio del primo bracio. Perche non mi par che ſia dà dubitare, che quel grave,
che viene dall'altezza di ſei braccia, non habbia, è perquotà con impeto doppio di quello
che hebbe, ſceſo che fù trè braccia, è triplo di quello che hebbe alle due, è ſeſcuplo dell'hauuto nello ſpazio di uno. Salu. Io mi conſolo aſſai d'hauer hauuto vn tanto compagno nell'er-
rore ; è più vi dirò, che il voſtro diſcorſo hà tanto del veriſimile, è del probabile, che il no-
ſtro medeſimo Autore non mi niegò, quando glielo propoſi, d'eſſer' egli ancora ſtato per qual-
che tempo nella medeſima fallacia. Mà quello, di che io poi ſommamente mi marauigliai, fù il
vedere ſcoprir con quattro ſempliciſſime parole, non pur falſe, mà impoſſibili due propoſizioni,
che hanno del veriſimile tanto, che hauendole io propoſte à molti, non hò trovato, chi libera-
mente non me l'ammeteſſe. Simpl. Veramente io ſarei del numero de i conceditori, è che il grave
deſcendente, Vires acquirat eundo, creſcendo la velocità à ragion dello ſpazio, è chel momento
dell'iſteſſo percuxiente ſia doppio venendo da doppia altezza, mi paiono propoſizioni da conce-
derſi ſenza repugnanza, ò controverſia. Salu. E pur ſon tanto falſe e impoſſibili , quanto che*

il

il moto ſi faccia in vn inſtante. Et eccòvene chiariſſima dimoſtrazione. Quando le velocità hanno la medeſima proporzione, che gli ſpazij paſſati ò da paſſarſi, tali ſpazij vengon paſſati in tempi eguali; ſe dunque le velocità, con le quali il cadente paſſò lo ſpazio di quattro braccia, furono doppie delle velocità, con le quali paſſò le due prime braccia (ſi come lo ſpazio è doppio dello ſpazio) adunque i tempi di tali paſſaggi ſono eguali; mà paſſare il medeſimo mobile le quattro braccia, e le due nell'iſteſſo tempo, non può haver luogo fuor che nel moto inſtantaneo. Mà noi veggiamo, che il grave cadente fà ſuo moto in tempo, & in minore paſſa le due braccia, che le quattro. Adunque è falſo, che la velocità ſua creſca come lo ſpazio. L'altra propoſizione ſi dimoſtra falſa con la medeſima chiarezza, &c. Sagr. Troppa evidenza, Troppa agevolezza è queſta, con la quale manifeſtate concluſioni aſcoſte; Queſta ſomma facilità, &c. Qui fait paroiſtre que la ſolution de cette objection luy plaiſt extraordinairement; & il en fait tant de cas, qu'il ne peut quaſi ſe laſſer d'en exagerer la beauté.

Et cependant je vous avouë franchement la foibleſſe de mon eſprit, qui ne l'a pû juſqu'icy comprendre en aucune maniére, quelque ſoin que j'aye pris de mediter ſur ſon raiſonnement, lequel au contraire m'a toûjours paru faux, & paralogiſtique en ſa forme, quoy qu'il ſoit tres-veritable en ſa matiére.

Et pour vous faire voir mon ſentiment, je vous diray que pour avoir démontré, dans la 2ᵉ Prop. du meſme Dial. au commencement, lors qu'il a expliqué les propriétez du mouvement égal & uniforme, que *ſi ſpatia ſint ut velocitates, tempora erunt æqualia*; Je ne voy pas pour cela, que parlant des propriétez du mouvement acceleré, (permettez-moy de me ſervir de ce terme) il ait pû dire, que *quando le velocità hanno la medeſima proporzione che gli ſpazij paſſati, ò da paſſarſi, tali ſpazij vengon paſſati in tempi eguali*. Ce qui peut eſtre abſolument nié, puiſque ces mouvemens ſont ſi differens, qu'il n'y a aucune connexité entre ces deux Propoſitions, & ce qui convient à l'un, peut abſolument ne pas convenir à l'autre. Et cependant c'eſt de cette Majeure, que M. Galilée tire ces conſequences qui raviſſent M. Sagredo, & qui font qu'il s'écrie avec tant d'emportement, *Troppa Evidenza, troppa agevolezza,* &c.

Que ſi l'on veut dire qu'il a pû argumenter ſur les propriétez du mouvement acceleré, comme il a fait ſur celles du mouvement égal & uniforme, par ce qu'il démontre un peu au deſſous dans la 1. Prop. de l'acceleré, que *Tempus in quo aliquod ſpatium à mobili conficitur latione ex quiete uniformiter accelerata, eſt æquale tempori in quo idem ſpatium conficeretur ab eodem mobili motu æquabili delato, cujus velocitatis gradus, ſubduplus ſit ad ſummum & ultimum gradum velocitatis prioris motus uniformiter accelerati.* Qui fait voir la relation qu'il y a entre les deux mouvemens; & que, pour ce qui regarde les temps & les eſpaces, ce qui ſe dit de l'un, peut eſtre proportionellement entendu de l'autre.

Je répondray que ce diſcours, quelque veritable qu'il ſoit en ſoy-meſme, ou, comme on dit dans les Ecoles, par ſa matiére, il eſt toûjours faux dans ſa forme; & le Paralogiſme ne fait que changer de nom, en ce que cy-deſſus on pouvoit l'appeller, comme on dit en Logique, *à non cauſá tanquam à cauſá*, & icy *à petitione Principij.* Puiſque cette premiére propoſition du mouvement acceleré, ſuppoſant & eſtant fondée ſur la définition conteſtée, il n'eſt pas juſte de vouloir démontrer celle-cy par l'autre.

Voilà donc les Obſervations que j'ay faites ſur ces matiéres, que je ne vous rapporte point avec un eſprit de Critique, ou d'un homme qui ne cherche que ce qui peut eſtre repris dans les plus beaux Ouvrages, puis qu'il n'y a peut-eſtre perſonne au monde, qui ait plus d'amour & d'eſtime pour tout ce qui vient de M. Galilée que moy, qui ay eû l'honneur d'eſtre de ſes derniers Diſciples, & qui ay travaillé depuis tant d'années à eſtendre cette Doctrine de la réſiſtance des Solides dont il eſt l'Inventeur, & qu'il a renfermée dans un ſi petit nombre de propoſitions; ayant pour ce ſujet compoſé le Livre que vous avez veû preſt à eſtre

V u

donné au public il y a plus de douze ans, que j'appelle *Galilæus Promotus de resistentiâ Solidorum*; & qui pouvant quelque jour estre mis en lumiére, fera assez connoistre ma reconnoissance, & le respect que je porte à la memoire de ce grand Homme, que nostre bon Amy M. Gassendi appelloit ordinairement le Platon de nostre siécle.

Ce n'est donc pas dans le dessein de rien censurer dans ses Ecrits que je vous ay marqué mes sentimens; mais seulement pour vous faire voir que ce n'est pas miracle, que dans le nombre infini de meditations toutes divines, dont il a remply ses Ouvrages, quelques petites bagatelles comme celles-cy, luy soient échappées sans y avoir pris garde.

Ce qui est, à mon avis, tout ce que je devois vous dire, pour vous tirer des doutes qui vous estoient venus sur la lecture de mon écrit: Et si dans tout ce discours vous trouvez encore quelque chose qui ne vous satisfasse pas entiérement, il faudra que nous nous en entretenions plus particuliérement ensemble; & que sur le Livre mesme de M. Galilée j'essaie de me mieux expliquer que je n'ay pû faire dans les raisonnemens que je vous ay communiquez, où j'ay eû le malheur de ne me sçavoir pas si nettement faire entendre.

Et c'est une des principales raisons qui m'ont fait estendre un peu plus au long dans cette Lettre, & rapporter quantité de passages aux mesmes termes de M. Galilée; puisque dans cette question il seroit toûjours fâcheux de tomber dans l'inconvenient, où une autre de pareille nature a jetté dans ces derniers temps les plus beaux esprits de l'Europe. Et d'autant plus, qu'en cette matiére il n'y a point de Formulaire à signer, & que l'on peut impunément douter du veritable sentiment de M. Galilée, sans courir aucun danger d'estre soupçonné de Jansenisme, ou d'avoir mauvaise opinion de l'infaillibilité du Saint Siége. Adieu, Monsieur; conservez-moy toûjours l'honneur de vos bonnes graces. A Paris ce 18. Juillet 1661.

A PARIS,

DE L'IMPRIMERIE ROYALE,

Par les soins

DE SEBASTIEN MABRE-CRAMOISY,

Directeur de ladite Imprimerie.

M. DC. LXXIII.

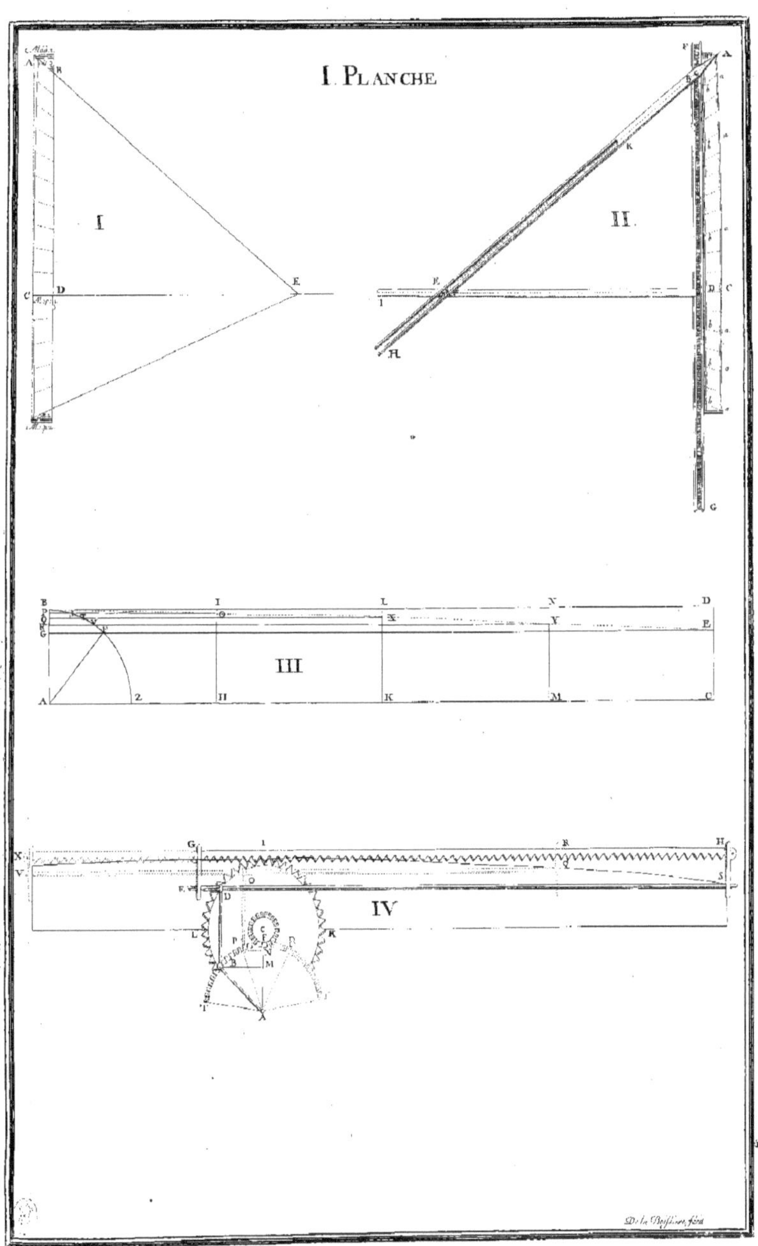

I
II
III
IV

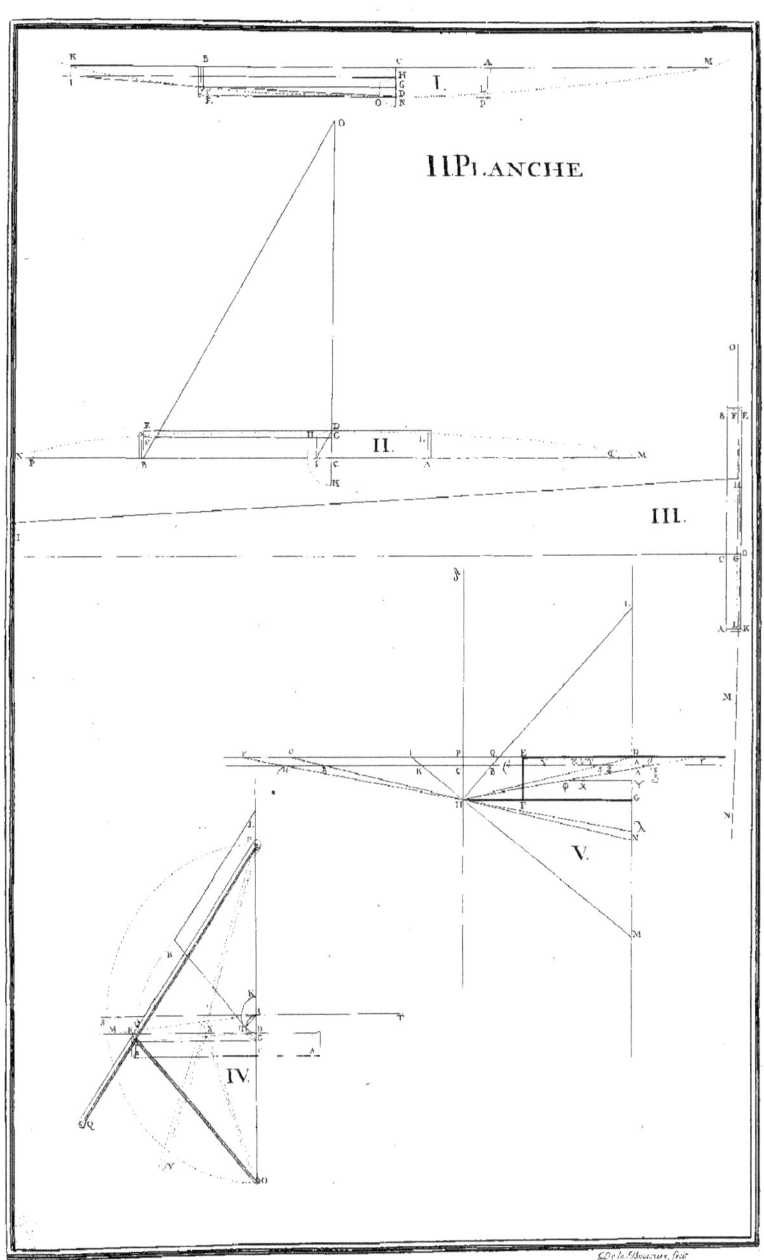

IIPLANCHE
I.
II.
III.
IV.
V.

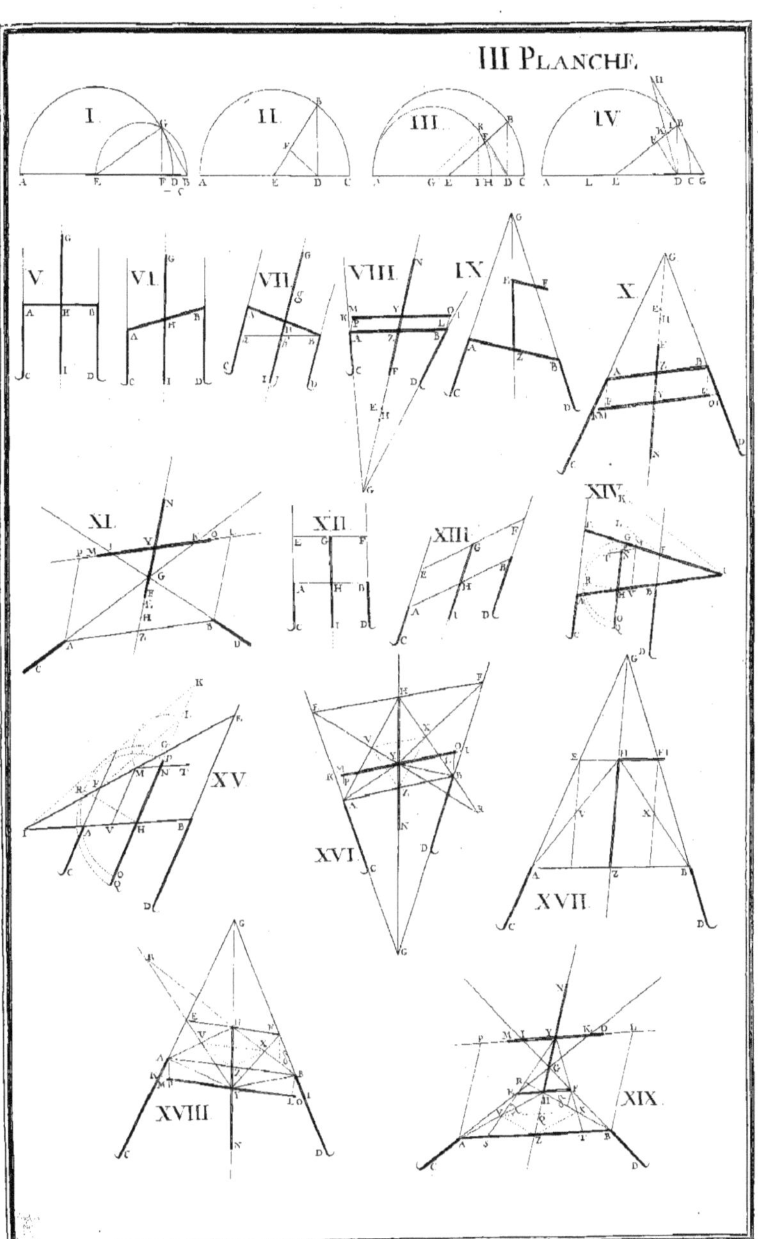

III PLANCHE.
I. II. III. IV.
V. VI. VII. VIII. IX. X.
XI. XII. XIII. XIV.
XV. XVI. XVII.
XVIII. XIX.

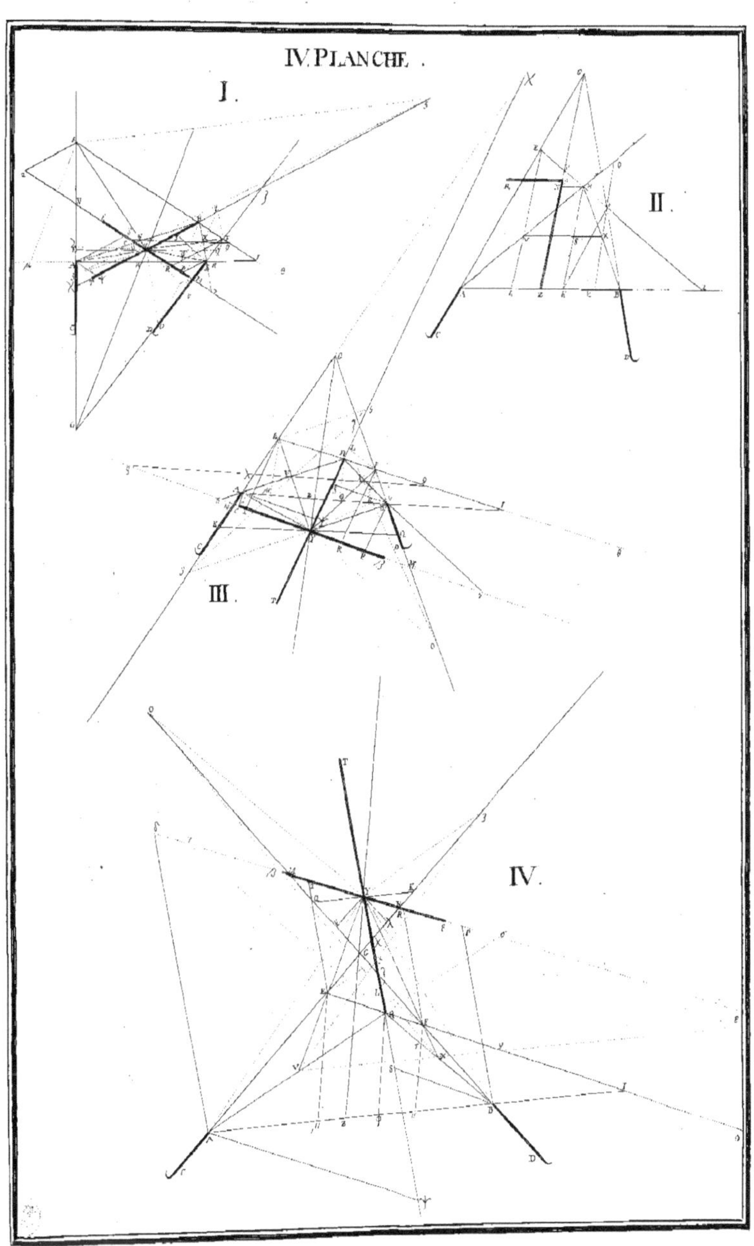
IV. PLANCHE .
I.
II.
III.
IV.

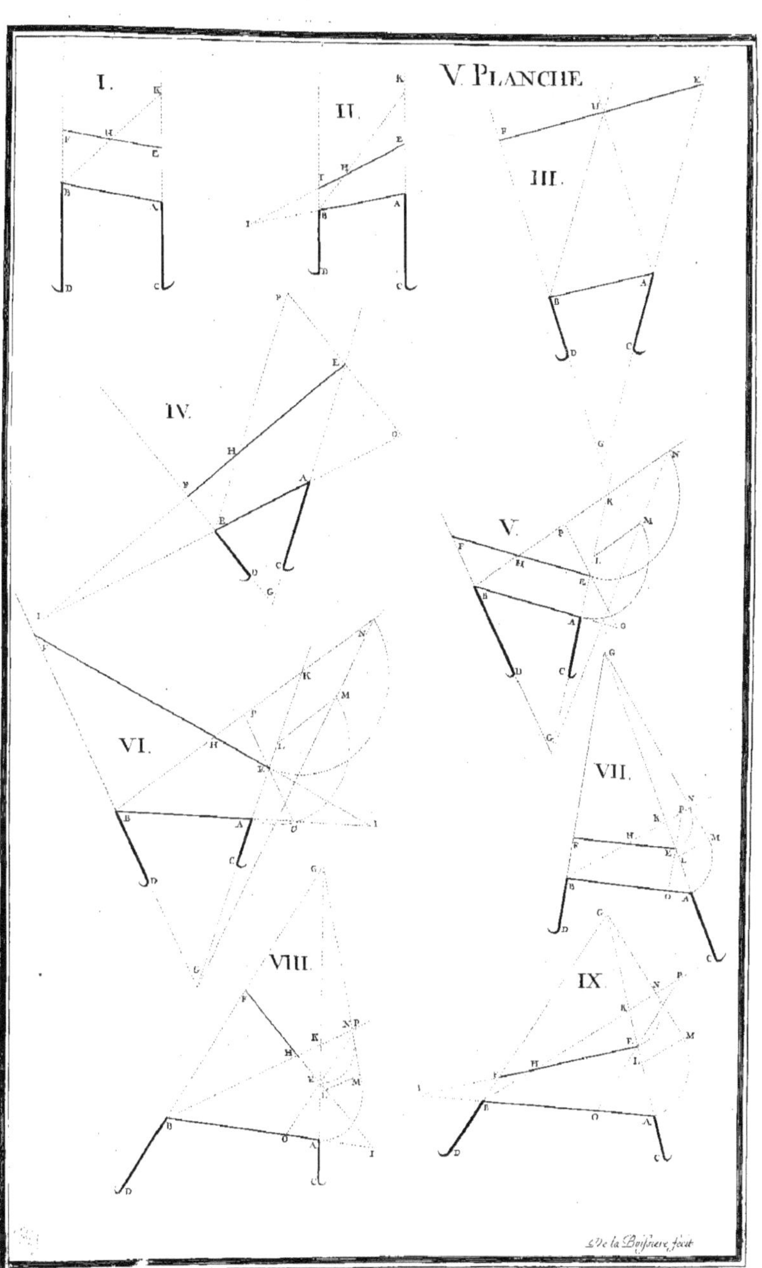

V. PLANCHE
I.
II.
III.
IV.
V.
VI.
VII.
VIII.
IX.
De la Boissiere fecit

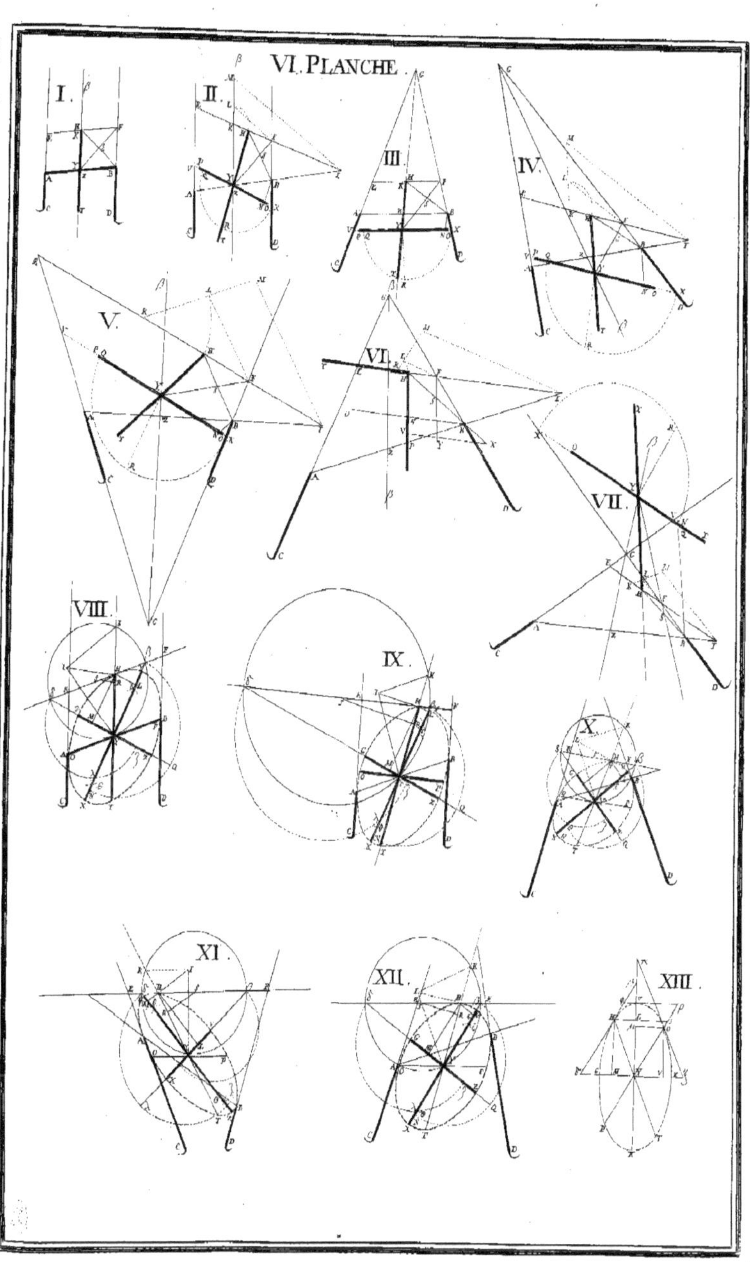

VI. PLANCHE
I.
II.
III.
IV.
V.
VI.
VII.
VIII.
IX.
X.
XI.
XII.
XIII.

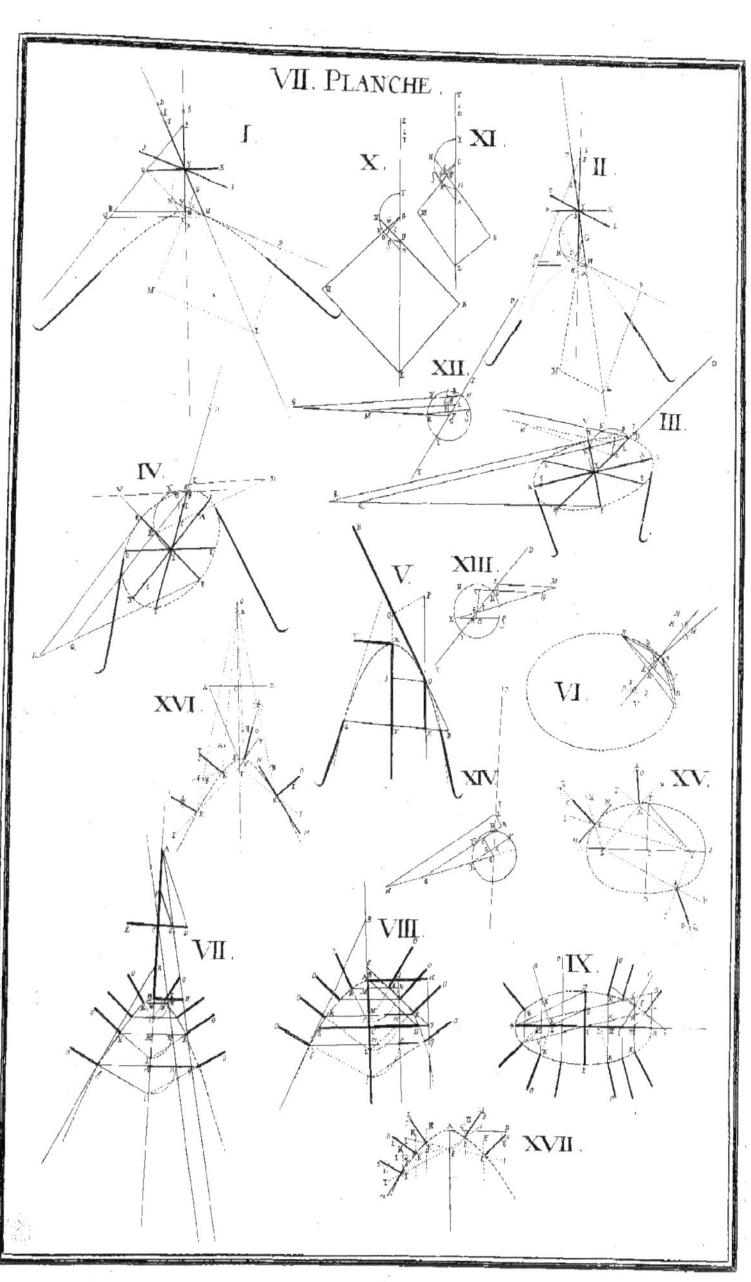

VII. PLANCHE.
I.
X.
XI.
II.
XII.
III.
IV.
V.
XIII.
VI.
XVI.
XIV.
XV.
VII.
VIII.
IX.
XVII.

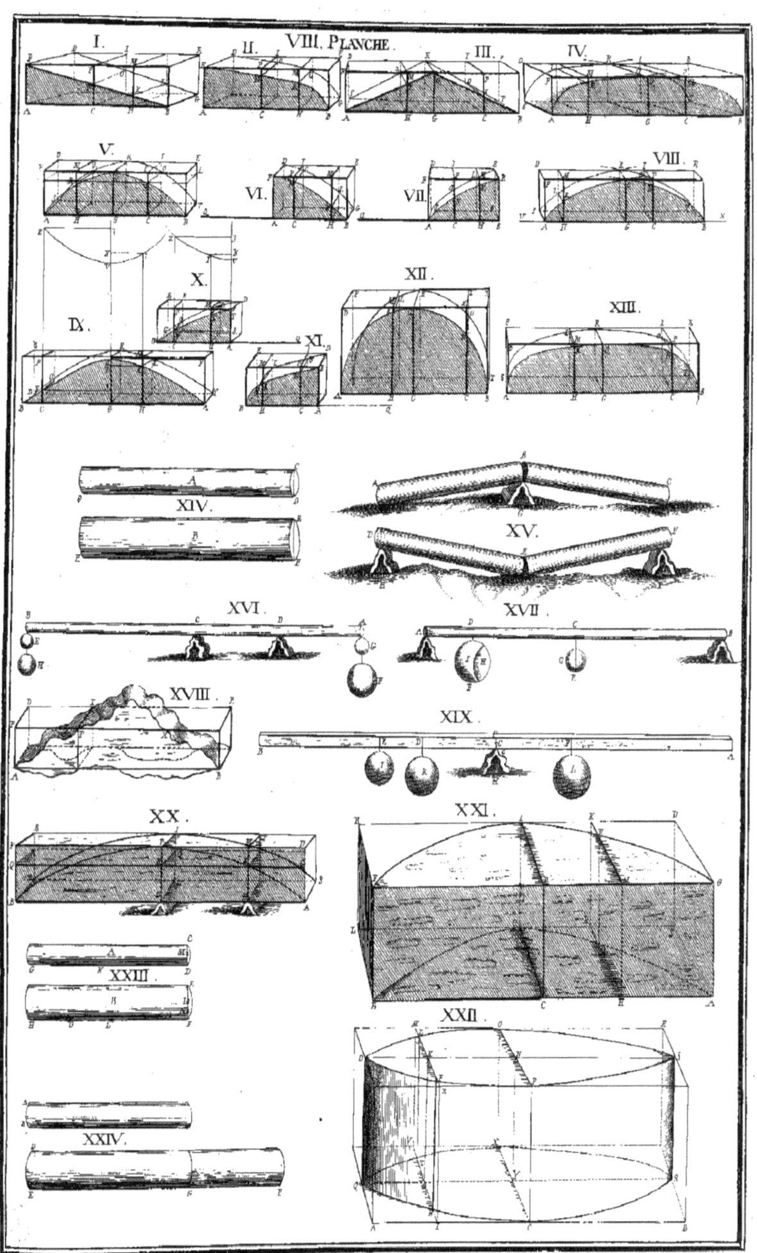

VIII. Planche.
I.
II.
III.
IV.
V.
VI.
VII.
VIII.
IX.
X.
XI.
XII.
XIII.
XIV.
XV.
XVI.
XVII.
XVIII.
XIX.
XX.
XXI.
XXII.
XXIII.
XXIV.

www.ingramcontent.com/pod-product-compliance
Lightning Source LLC
LaVergne TN
LVHW021739170726
843503LV00004B/1637